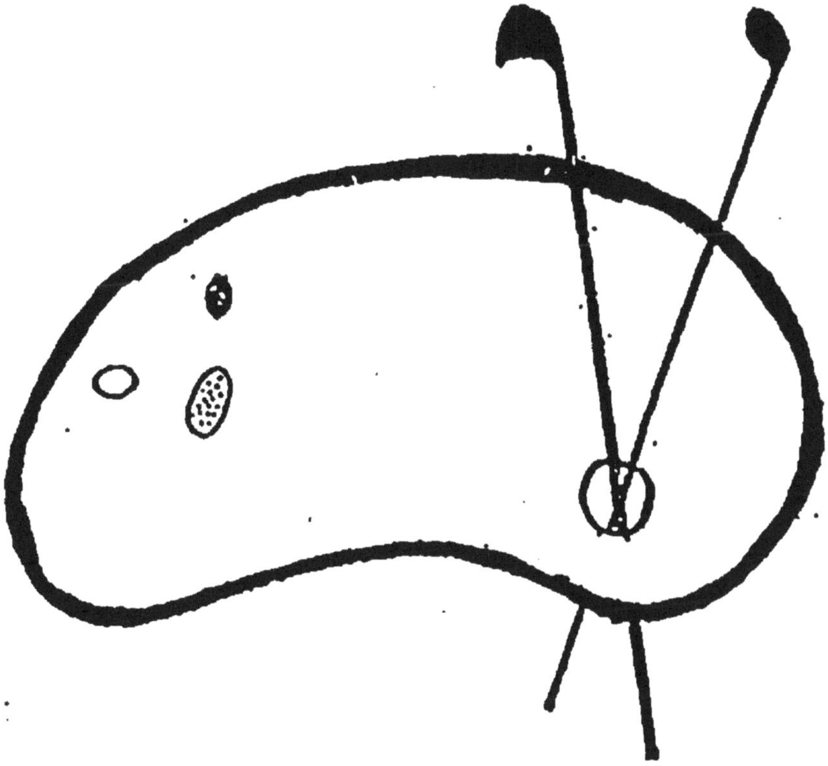

DEBUT D'UNE SERIE DE DOCUMENTS
EN COULEUR

BIBLIOTHÈQUE PÉDAGOGIQUE

PRINCIPES
D'ÉDUCATION ET D'ENSEIGNEMENT

À L'USAGE

DES ASPIRANTS-INSTITUTEURS

TRADUIT DE L'ALLEMAND

SUR LA DEUXIÈME ÉDITION

PAR

UN ANCIEN DIRECTEUR D'ÉCOLE NORMALE

Avec des Lettres d'approbation et de recommandation
de Mgr Mermillod, évêque de Lausanne et Genève, de Mgr Jardinier, évêque de Sion,
et de Mgr L.. at, évêque de Bâle.

Soyez parfaits comme votre Père
céleste est parfait. (N.-S. J.-C.)
(S. MATTH., V, 48.)
Maxima debetur puero reverentia.
(JUVÉNAL, *Satire* XIV.)

PARIS

LIBRAIRIE POUSSIELGUE FRÈRES
RUE CASSETTE, 15

1884

BIBLIOTHÈQUE PÉDAGOGIQUE

Instruction civique, par M. AUDLEY, rédacteur en chef de l'*Éducation*. 3e édition. Grand in-18 cartonné. . . . . 1 fr. 75

Petite Morale, à l'usage des écoles primaires, par M. AUDLEY.

Lettres et opuscules pédagogiques, par un inspecteur d'Académie honoraire. Gr. in-18 broché. . . . . 2 fr. 25

Guide pratique de l'instituteur, NOTIONS ÉLÉMENTAIRES DE MÉTHODOLOGIE, par M. l'abbé HORNER, professeur de pédagogie, recteur du collège de Fribourg (Suisse). Gr. in-18 broché. . . . . 2 fr. 50

Principes d'éducation et d'enseignement, à l'usage des aspirants instituteurs, traduit de l'allemand sur la 2e édition.

Rousseau (Jean-Jacques). — **Émile ou de l'Éducation**, livre II. Nouvelle édition, précédée d'une notice sur la vie et les écrits de J.-J. Rousseau et accompagnée de notes pédagogiques et littéraires, par un inspecteur d'académie honoraire. Gr. in-18 cartonné. . 1 fr. 75

OUVRAGES CLASSIQUES

Grammaire française de Lhomond, revue et complétée par M. l'abbé MAUNOURY, et suivie d'un traité d'analyse grammaticale et logique. 8e édition. In-12 cart. . . . . 1 fr. »

Exercices gradués sur la grammaire française, par M. l'abbé MAUNOURY. 6e édition. In-12 cartonné. . . . . 1 fr. 25

Fénelon. — **Aventures de Télémaque**, édition revue par M. l'abbé J. MARTIN. Gr. in-18 cart. . . . . 2 . »

Fénelon. — **Dialogues des morts**, avec introduction et notes, par M. l'abbé J. MARTIN. Grand in-18 cartonné. . . . . . . 1 fr. 75

Fénelon. — **Fables**, avec introduction, notes et opuscules divers, par M. l'abbé J. MARTIN. Grand in-18 cartonné. . . . . . » fr. 75

La Fontaine. — **Fables choisies**, A. M. D. G. In-18 cart. 1 fr. »

La Fontaine. — **Fables**, suivies d'un choix de Fables tirées des meilleurs fabulistes français, avec notes et remarques historiques, philologiques, littéraires et morales, par M. l'abbé O. MEURISSE. 5e édition. In-12 cartonné. . . . . 1 fr. 60

Recueil de poésies à l'usage des classes élémentaires, par M. l'abbé JOLIVAUD. 2e édition. Grand in-18 cartonné. . . . . . . 1 fr. 25

Théâtre classique français, contenant: *le Cid*, *Horace*, *Cinna*, *Polyeucte*, de Corneille; — *Britannicus*, *Esther*, *Athalie*, de Racine; — *le Misanthrope*, de Molière; — et *Mérope*, de Voltaire; publié avec notices biographiques et littéraires sur les auteurs, analyses, appréciations et critiques littéraires des pièces et notes diverses, par M. l'abbé FIGUIÈRE. Grand in-18 cart. . . . . 4 fr. »
— *Chacune des pièces se vend séparément.* . . . . . . » fr. 50

Corneille. — **Nicomède**, par M. l'abbé GROSJEAN. . . . 1 fr. »

Molière. — **Le Bourgeois gentilhomme**, par M. l'ab. FIGUIÈRE. 1 fr. »

Molière. — **Tartufe**, analyses et extraits, par le même. . 1 fr. 25

Racine. — **Andromaque**, par le même. . . . . 1 fr. »

Racine. — **Iphigénie**, par le même. . . . . 1 fr. »

Racine. — **Les Plaideurs**, par le même. . . . . 1 fr. »

L'ÉDUCATION

JOURNAL DES ÉCOLES PRIMAIRES
Paraissant chaque semaine, 6 fr. par an.

14551. — Tours, impr. Mame.

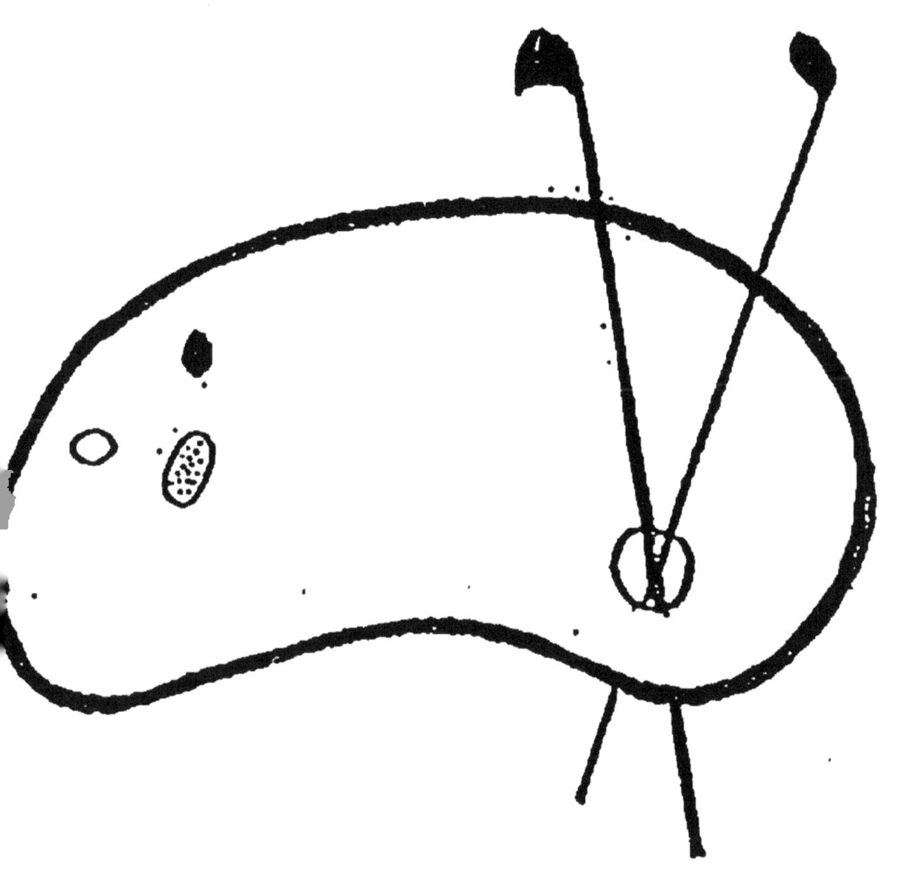

FIN D'UNE SERIE DE DOCUMENTS
EN COULEUR

PRINCIPES

D'ÉDUCATION ET D'ENSEIGNEMENT

BIBLIOTHÈQUE PÉDAGOGIQUE

PRINCIPES
D'ÉDUCATION ET D'ENSEIGNEMENT

A L'USAGE

DES ASPIRANTS-INSTITUTEURS

TRADUIT DE L'ALLEMAND

SUR LA DEUXIÈME ÉDITION

PAR

UN ANCIEN DIRECTEUR D'ÉCOLE NORMALE

Avec des Lettres d'approbation et de recommandation
de Mgr Mermillod, évêque de Lausanne et Genève, de Mgr Jardinier, évêque de Sion,
et de Mgr Lachat, évêque de Bâle.

Soyez parfaits comme votre Père
céleste est parfait. (N.-S. J.-C.)
(S. MATTH., V, 48.)
Maxima debetur puero reverentia.
(JUVÉNAL, *Satire XIV.*)

PARIS
LIBRAIRIE POUSSIELGUE FRÈRES
RUE CASSETTE, 15

1884

APPROBATION

———

Fribourg, le 30 novembre 1883.

Monsieur,

Je vous remercie et vous félicite d'avoir traduit l'excellent petit livre : *les Principes de l'Enseignement et de l'Éducation*. Vous ne vous êtes pas borné à une traduction littérale ; vous avez amélioré et complété l'œuvre primitive, et je ne doute pas que vous n'ayez fait un manuel fort utile. La méthode d'enseignement, les notions qui y sont exposées, les principes qui doivent élever l'intelligence et diriger le cœur, l'appendice remarquable sur l'étude du catéchisme, tout concourt à faire de votre écrit un volume qui mérite les suffrages du clergé et des instituteurs, l'approbation de votre évêque ; aussi je suis heureux de le bénir et de lui souhaiter les meilleurs succès.

† GASPARD, évêque de Lausanne et Genève.

———

APPROBATION

———

Monsieur,

Nous avons lu attentivement l'ouvrage que vous nous avez envoyé sur les *Principes d'Éducation et d'Enseignement*. Nous n'y avons rien trouvé, en ce qui concerne la doctrine, qui soit contraire à l'orthodoxie. Quant à la méthode, nous l'avons fait examiner par un maître très compétent en cette matière, qui l'a déclarée excellente, et qui est disposé lui-même à introduire dans son école.

Guidé par ces considérations, nous n'hésitons pas à approuver ce petit livre pour notre diocèse, en appelant la bénédiction divine sur son traducteur et ses éditeurs.

En louant votre zèle pour la propagation de l'enseignement religieux catholique, nous vous prions, Monsieur, d'agréer l'hommage de notre reconnaissance et de notre profond respect.

Donné à Sion, en notre palais épiscopal, le 15 novembre 1883.

† ADRIEN, ÉVÊQUE DE SION.

APPROBATION

DE MONSEIGNEUR L'ÉVÊQUE DE BALE

MONSIEUR,

L'opuscule si intéressant que vous offrez au public est, je n'hésite pas à le dire, un livre des mieux faits et des plus utiles aux parents, aux maîtres, et même aux théoriciens qui raisonnent sur le problème de l'éducation.

Il n'est pas de matière dans laquelle, à partir des temps qui ont suivi la prétendue réforme, on ait plus innové que dans la pédagogie. Non seulement les vrais principes ont été abandonnés par un grand nombre, mais on a mêlé si perfidement l'erreur à la vérité, que les plus funestes systèmes ont prévalu, au moment actuel, dans la législation scolaire de plusieurs nations chrétiennes.

A l'opposé de ce faux principe, proclamé par les réformateurs, que, dans l'homme déchu, tout est vicié et mauvais, on a vu J.-J. Rousseau affirmer dans son roman sur l'éducation, que dans l'homme, tel qu'il sort des mains de la nature, tout est bon. On a donc appliqué tour à tour deux systèmes opposés. Les uns ont dit : En éducation, le maître est tout ; l'enfant lui doit tout, même sa nature raisonnable. Les autres ont dit : Le maître n'est rien ; toute son action doit consister à écarter les obstacles qui embarrassent les voies de la nature, et contrarient le libre jeu du naturel de l'enfant. De là cette extravagance de Rousseau, qu'il ne faut instruire les enfants dans la religion que lorsqu'ils sont en état de résoudre par eux-mêmes la question religieuse. Doctrine détestable qui règne encore aujourd'hui dans l'école non confessionnelle, si bien nommée l'antichambre de l'athéisme. Toute l'antiquité, sacrée et profane, repoussait une pareille doctrine. Platon, au X⁰ livre *des Lois*, disait déjà : « Nous avons sucé avec le lait de nos nourrices la connaissance des dieux, tant par les discours qu'on nous tenait que par les cantiques et les hymnes que nous entendions chanter en leur honneur. » Tous sont convaincus, avec le Psalmiste, que la religion seule peut réprimer dans l'enfant les vices naissants, et faire germer dans son cœur les vertus dont il n'a que les semences. Tous proclament que l'enfant élevé dans l'ignorance de Dieu et des choses religieuses demeure sourd aux leçons de la vraie sagesse, et très en retard pour l'intelligence des matières scolaires.

Votre opuscule proteste donc, et avec raison, contre cette monstrueuse doctrine de l'école athée.

Mais il n'est pas moins correct et explicite dans l'affirmation du droit des parents sur l'éducation de leurs enfants, et sur l'injuste invasion de ce droit par certaines législations scolaires. Les parents ont, en effet, un droit naturel d'élever leurs enfants ; ils tiennent de l'auteur de la nature, et non de l'État, l'autorité nécessaire pour atteindre cette fin. A eux de donner des préceptes, d'imposer des châtiments. Eux seuls peuvent déléguer des maîtres, et l'État ne peut entrer en ligne dans l'éducation qu'autant qu'il est investi, avec raison, de la confiance des familles. Il ne peut, à moins d'user d'une tyrannie manifeste, exercer aucune contrainte pour imposer des maîtres indignes de la noble mission d'instituteurs chrétiens. Que s'il envahit le droit des parents dans l'éducation, aucune raison ne peut l'arrêter dans l'envahissement des héritages ; ce qui n'est autre chose que l'abîme du communisme, et le naufrage de tout ordre social.

Votre opuscule, monsieur le Traducteur, est une protestation publique contre ces erreurs. Vous maintenez la vraie notion de l'éducation telle que la philosophie chrétienne l'a constamment comprise. Sans doute, le pédagogue peut être comparé à l'artiste sculpteur. Mais cette comparaison platonicienne inclinerait à considérer la nature humaine de l'enfant comme entièrement passive, comme du métal, du bois ou de la cire. Il n'en est rien. Dans l'enfant à élever il y a une nature raisonnable, déjà en exercice, mais une nature qu'il faut guérir de ses blessures, en lui appliquant les moyens curatifs suggérés par la nature elle-même, par la religion et par la vraie discipline scolaire. C'est là tout l'enseignement, dit saint Thomas, et *hoc est docere.* (*De Verit.,* quæst. 11, a. 2.)

Votre livre n'est que le commentaire de cette parole magistrale, et il met à la portée de tous ce que la nature et l'art pédagogique ont inspiré jusqu'ici de meilleur. En écartant les obstacles que le maître trouve dans la personne du sujet à élever, vous préparez les voies à une formation intellectuelle et morale, complète et parfaite. Vous décrivez l'organisation extérieure et intérieure d'une école: vous révisez les matières de l'enseignement et les meilleurs procédés d'enseigner. Enfin vous montrez avec quel soin et quelle délicatesse de tact le maître doit initier l'enfant aux pratiques de la vie chrétienne.

Vous avez fait un travail excellent, une œuvre très utile, et confectionné un charmant écrin, où vous avez déposé, rangé avec un art infini les perles très précieuses à l'usage du vrai pédagogue chrétien.

Je forme donc des vœux ardents pour la plus grande diffusion possible de votre livre, et je vous prie, Monsieur, d'agréer l'expression de mes sentiments les plus distingués.

Lucerne, le 21 décembre 1863.

† EUGÈNE, ÉVÊQUE DE BALE.

AVIS PRÉLIMINAIRE

DE L'AUTEUR

Prescrire un ouvrage volumineux aux élèves-instituteurs pour les initier à la pédagogie, c'est procéder d'une manière anti-méthodique. Il suffit d'observer le degré de préparation de ces jeunes gens pour s'apercevoir qu'on leur présuppose trop de connaissances et qu'on exige d'eux beaucoup trop. Ensuite il faut tenir compte du temps précieux consacré dans les écoles normales soit à dicter un cours de pédagogie, soit à faire préparer des notes et des résumés. Or cet opuscule a pour but d'épargner le temps consacré à la dictée et de répondre au besoin généralement senti d'un traité concis sur la matière. La forme catéchétique a été employée dans ce livre afin d'aider nos débutants à comprendre, à retenir et à répéter les questions et les réponses ; elle doit en même temps familiariser nos jeunes instituteurs avec la pratique de ce mode d'instruction, qui est le plus usité. On a fait abstraction à dessein de la partie spéciale de l'enseignement, qui varié selon le temps, les circonstances locales, la personnalité de l'instituteur[1]. On en a cependant rappelé les notions les plus essentielles. Ce petit livre ne contient du reste rien de neuf : c'est la substance méthodiquement coordonnée des ouvrages spéciaux les plus autorisés de Kellner, Rolfùs, Kehrein, Barthel et autres écrivains classiques. Il est cependant à observer expressément que pour certaines parties on a suivi surtout Ohler. Enfin on voudra bien ne pas chercher ici autre chose que ce que promet le titre.

[1] L'excellent *Guide pratique de l'instituteur*, par M. le recteur Horner, fournit à cet égard toutes les directions désirables aux praticiens de l'enseignement. Fruit de longues études et de patientes observations, il tient généreusement toutes les promesses de son titre. (*Note du traducteur.*)

AVIS PRÉLIMINAIRE

DU TRADUCTEUR

Mettre au service de nos instituteurs, de nos institutrices et des élèves des écoles normales, une exposition aussi concise et substantielle que possible des principes de l'éducation et de l'enseignement d'après les meilleurs travaux de l'Allemagne catholique: tel a été notre but en traduisant ce modeste catéchisme pédagogique.

L'auteur nous révèle dans ces pages instructives un praticien initié aux plus intimes détails de la vie scolaire, un homme de principes qui n'écrit pas en vue de l'école laïque et non confessionnelle, un écrivain entièrement maître de son sujet, à qui l'on peut appliquer la maxime : *Celui qui sait tout abrège tout.* Aussi ce travail a-t-il été accueilli avec une faveur marquée en Allemagne, ainsi que dans la Suisse catholique allemande, où il a contribué à élever le niveau des écoles. Cette traduction vient d'être honorée de l'approbation et des encouragements de NN. SS. les évêques de Lausanne et Genève, de Bâle et de Sion.

Malheureusement l'écrivain s'est dérobé à la reconnaissance publique, en laissant ignorer son nom. Il a pensé sans doute que le nom de l'ouvrier importe peu, pourvu que l'œuvre fasse du bien. Nous avons d'autant plus de raison d'imiter cet exemple de modestie, que notre tâche est beaucoup moins méritoire : nous avons simplement essayé de traduire fidèlement cet opuscule, en nous bornant à substituer ici et là des définitions françaises à celles de la philosophie allemande.

Il nous suffit de savoir que ce livre arrive à son heure, c'est-à-dire peu de temps après la mémorable journée du 26 novembre 1882, où le peuple suisse a renversé à une écrasante majorité les tentatives de centralisation scolaire fédérale. Puissent ces pages aider l'instituteur digne de ce nom et ses auxiliaires naturels à réédifier et à consolider là où les légistes et les bureaucrates ne savent que désorganiser et accumuler des ruines !

Le Traducteur.

26 novembre 1883.

INTRODUCTION

DE LA VOCATION DE L'INSTITUTEUR

1. — Quelles questions doit se poser celui qui veut devenir instituteur, afin de s'assurer s'il est appelé à cette vocation?

Il doit se demander :

1° Est-ce que j'ai un goût prononcé, une prédilection, un vif attrait pour cette carrière?

2° Est-ce que j'ai aussi les aptitudes et les qualités nécessaires?

3° Est-ce que j'ai les moyens de perfectionner ces aptitudes et ces facultés?

La carrière d'instituteur est extrêmement fatigante et pénible. Autant un maître peut exercer une influence heureuse et bénie, autant il se trouvera malheureux s'il est entré dans cette carrière sans avoir la vocation, sans être parfaitement pénétré de ses devoirs et sans être suffisamment préparé. Non seulement il s'y sentira malheureux lui-même, mais encore il sera de peu d'utilité pour l'école.

2. — Quelles aptitudes doit posséder un bon instituteur primaire?

Il doit avoir des aptitudes physiques, sociales, intellectuelles et morales.

3. — Quelles dispositions physiques doit posséder l'instituteur primaire?

Il doit avoir :

1° Une constitution solide;

2° Une bonne poitrine et d'excellents poumons;

3° Une voix claire et sonore;

4° Les sens doués de finesse.

En particulier, l'instituteur doit être exempt de toute infirmité physique qui soit de nature à l'exposer aux moqueries des enfants.

4. — Quelles aptitudes appelle-t-on sociales?

Les aptitudes ou dispositions sociales sont celles qui permettent à l'instituteur de se présenter convenablement dans la société.

5. — Quelles dispositions sociales doit posséder l'instituteur?

Il doit :

(*a*) Par rapport à sa personne, se tenir propre, sans luxe, aimer l'ordre et la simplicité.

Comment l'instituteur peut-il inspirer ces vertus aux enfants, s'il ne les pratique pas lui-même? Des soins raffinés ne conviennent pas plus qu'une toilette négligée. Le visage, les mains, les habits, les livres, les meubles, la salle d'école doivent révéler l'esprit d'ordre et de convenance. Un homme malpropre est sûrement aussi un être vulgaire.

(*b*) Par rapport à sa tenue, il doit:

1° Avoir une attitude extérieure calme;

2° Conserver l'empire sur lui-même dans sa physionomie et dans ses gestes, même s'il est dans un état de surexcitation;

3° Avoir de l'aisance et de la grâce dans ses mouvements;

4° Une démarche noble, mais sans affectation.

6. — Qu'entend-on par les dispositions intel·lectuelles de l'instituteur?

Par dispositions intellectuelles on entend les connaissances, les capacités et le savoir-faire nécessaires à l'instituteur pour l'accomplissement de ses fonctions.

7. — Quelles aptitudes exige-t-on de l'instituteur?

On demande :
1° L'intelligence;
2° La mémoire;
3° La sensibilité;
4° La promptitude à réfléchir et à concevoir;
5° La facilité d'exprimer ses pensées clairement et d'une manière correcte.

8. — Quelles connaissances exige-t-on de l'instituteur?

Une connaissance approfondie:
1° De toutes les matières qu'il doit enseigner, et qui sont nécessaires à sa vocation;
2° De la destinée générale de l'homme;
3° De la nature de l'enfant et de la marche de son développement;
4° Le talent de l'éducation et de l'enseignement.

Les connaissances rendent capables d'élever et d'enseigner à la condition de savoir les appliquer. Sans le talent d'enseigner, les connaissances ne servent à rien pour la mission de l'instituteur.

9. — Quelles qualités morales doit posséder l'instituteur?

1° La piété;

2° La conscience et le zèle dans l'accomplissement de ses devoirs;

3° L'amour de l'étude;

4° La patience et la douceur;

5° L'affection envers les élèves;

6° La prudence.

10. — En quoi consiste la piété de l'instituteur?

Elle consiste :

1° Dans une foi sincèrement catholique;

2° Dans une vie véritablement catholique.

L'instituteur doit avoir la certitude d'être en parfaite har-
monie avec la doctrine de l'Église, qui lui a confié la mission d'enseigner; il doit être en rapport de subordination
avec l'évêque légitime. Il considérera sa foi comme le plus
précieux trésor, le plus grand des biens, comme un don
de Dieu qu'il doit conserver dans son intégrité. Il remplira consciencieusement et avec joie les devoirs d'un chrétien catholique et donnera par là le bon exemple autour de
lui : *Faites luire votre lumière devant les hommes.*

11.—Qu'appelle-t-on un instituteur consciencieux?

L'instituteur consciencieux est celui qui rem-
plit exactement et complètement tous les devoirs
de sa vocation en vue de Dieu et de son salut,
qu'il s'agisse des choses essentielles ou des plus
petits détails.

**12. — Pourquoi l'instituteur doit-il avoir l'amour
de l'étude?**

Parce que l'homme ne sait jamais rien à fond.

Jusqu'à son entrée dans la carrière, l'élève-maître n'a fait
que poser les fondements des connaissances indispensables.
Après son début, l'instituteur doit s'appliquer à étendre et
à approfondir ces connaissances, afin que ce qu'il doit enseigner lui apparaisse chaque jour plus clair et plus distinct,

13. — Pourquoi doit-il être doux et patient?

Parce que la colère et l'impatience rendent plus difficile la tâche du maître.

Des instituteurs à l'humeur chagrine préparent aussi des élèves de caractère semblable. Un instituteur revêche ne donne pas volontiers l'instruction; les enfants ne vont pas volontiers à l'école chez lui et n'y apprennent rien.

14. — Que doit-il joindre à l'affection pour ses élèves?

Le sérieux et la gravité paternelle.

15. — Qu'est-ce que la prudence?

La prudence ou le tact est l'aptitude à apprécier ce que nous devons éviter et à choisir les moyens de réaliser notre but.

Par exemple, il y a des choses qui en soi ne sont pas défendues; suivant certaines circonstances, l'instituteur peut nuire à son influence et à son action s'il se les permet. Il doit de plus gagner les parents des élèves en sa faveur. Comment cherchera-t-il à les gagner, chacun en particulier, sans devenir importun? C'est à cela qu'il doit réfléchir. La prudence consiste ici à discerner ce qu'il faut éviter dans le premier cas, et faire dans le dernier.

Iʳᵉ PARTIE

L'ÉDUCATION

16. — Pour quelle fin l'homme est-il placé en ce monde?

Afin de connaître Dieu, de l'aimer, de le servir, et par ce moyen d'acquérir la vie éternelle.

L'homme, par ses prérogatives naturelles et surnaturelles, se distingue de tous les êtres créés. Il doit donc avoir une destinée plus élevée. Cette destinée ne peut lui être révélée que par celui qui l'a créé. Or c'est Dieu qui a créé l'homme à son image et lui a donné une âme immortelle. L'homme est donc appelé à ressembler à Dieu; il doit remonter à Dieu son créateur.

17. — Comment a-t-il pu réaliser ce but avant la chute originelle ?

Extérieurement, par l'éducation et l'instruction divine; intérieurement, par le don des grâces surnaturelles de sainteté et de justice. Car Dieu ne donna point à l'homme un de ses anges pour instituteur, mais *il s'est appliqué lui-même à l'instruire et à le régler, comme un homme s'applique à instruire et à corriger son fils.* (V. Deutér., 8, 5.)

18. — Qui procura à l'homme, après la chute originelle, la possibilité de réaliser sa fin?

C'est Jésus-Christ, le Fils de Dieu fait homme, qui nous a rachetés, et en même temps laissé un exemple, afin que nous puissions marcher sur ses traces. (I Saint Pierre, 2, 21.)

19. — Avons-nous un modèle, un idéal, d'après lequel l'homme peut être formé?

Nous avons le modèle par excellence, l'idéal de toute perfection, dans la personne de notre Rédempteur et divin Maître, Notre-Seigneur Jésus-Christ.

20. — Que faut-il entendre par éducation?

C'est le développement et la formation de l'homme d'après Jésus-Christ notre modèle.

21. — Qui doit présider à cette éducation?

L'Église, qui en a reçu de Jésus-Christ la mission et les moyens.

22. — Quand l'Église reçut-elle cette mission?

Avant l'Ascension de Notre-Seigneur, lorsqu'il dit à ses disciples : *Toute puissance m'a été donnée dans le ciel et sur la terre. C'est pourquoi allez donc enseigner toutes les nations, les baptisant au nom du Père, et du Fils, et du Saint-Esprit, leur enseignant à garder tout ce que je vous ai confié; et voilà que je suis avec vous tous les jours jusqu'à la consommation des siècles.* (Saint Matthieu, 28, 18-20.)

23. — Quels sont les organes de l'Église pour cette mission?

Le pape, les évêques et les prêtres.

24. — Qui doit les seconder à cet égard?

Les parents, les instituteurs, les maîtres et les chefs temporels.

25. — L'État a-t-il aussi le droit ou le devoir de se préoccuper de l'éducation de ses subordonnés ?

L'État a le devoir de mettre les parents à même de pouvoir procurer à leurs enfants les connaissances indispensables pour la vie civile et pour leur vocation spéciale. Il a un droit de surveillance générale pour le maintien de l'ordre public, c'est-à-dire le droit de veiller à ce qu'il ne soit rien enseigné de contraire au bien général.

L'État a par conséquent le devoir de seconder la famille et l'Église dans l'éducation, et le droit de pourvoir à ce que personne ne soit abandonné, à ce qu'aucun membre de la cité ne puisse nuire à ses concitoyens par son ignorance ou par une fausse éducation.

26. — Quel droit découle de là pour l'État ?

C'est : 1º la surveillance générale pour le maintien de l'ordre public ou le droit de s'assurer qu'il n'est rien enseigné de contraire au bien général ; 2º la garantie des droits et des libertés individuelles. L'État a donc un droit négatif ; quant à son droit positif sur l'enseignement des sciences profanes, il ne doit pas l'exercer sans tenir compte de la révélation divine, et par conséquent sans accepter le contrôle de l'Église.

27. — A quel époque doit commencer l'éducation ?

Dès le premier âge. Le divin maître a dit : *Laissez venir à moi les petits enfants et ne les en empêchez pas, car le royaume des cieux est à eux.* Il a dit encore : *Celui qui ne ressemble pas à ces petits enfants n'entrera pas dans le royaume des cieux.* Puisque l'enfant est présenté comme modèle, même aux hommes de l'âge mûr, ainsi qu'on doit l'admettre avec la doctrine chrétienne, il est aussi nécessaire et par là même possible de conduire un enfant à Dieu et à Jésus-Christ.

28. — Quelle est sa durée?

La vie tout entière : *Que celui qui est juste devienne plus juste encore, et que celui qui est saint s'efforce de le devenir davantage.* (Apoc., 22, 11.)

29. — Comment peut-on formuler le précepte fondamental de l'éducation?

Former l'homme à la ressemblance de Jésus-Christ, afin qu'il devienne un homme parfait.

30. — De quels moyens se sert l'Église pour former l'homme?

Elle se sert de l'éducation, de l'instruction et des secours de la grâce.

31. — Quels sont les moyens que doit appliquer l'instituteur à la formation de la jeunesse?

Ce sont l'éducation, l'instruction et la préparation à la vie chrétienne.

32. — Qu'entendez-vous par élever?

Élever, c'est préparer avec intention et méthode le développement des facultés naturelles, physiques et intellectuelles de l'enfant, de telle manière que sa vie entière devienne une imitation de la vie de Jésus-Christ.

33. — Comment l'éducation se distingue-t-elle de l'instruction?

En ce que l'instruction est l'un des moyens

d'éducation : pour cultiver les facultés morales, pour former le cœur et le caractère, il faut d'abord développer l'intelligence.

L'instruction procure des connaissances, l'éducation apprend à vivre. L'instruction *forme* l'intelligence, l'éducation la *dirige;* l'instruction *éclaire* la volonté, l'éducation, en créant des habitudes, *détermine* et *dirige* la volonté. Enfin l'éducation aide non seulement à *réprimer* les mauvais penchants, mais encore à *former* les inclinations à la vertu.

34. — A quel but doit viser l'éducateur?

A l'accomplissement de cette parole de Notre-Seigneur Jésus-Christ : « Vous aimerez le Seigneur votre Dieu de tout votre cœur, de toute votre âme et de tout votre esprit. C'est là le plus grand et le premier commandement. Et voici le second, qui est semblable à celui-là : Vous aimerez le prochain comme vous-même. Toute la loi et les prophètes sont renfermés dans ces deux commandements. » (Saint Matthieu, 22, 37-40.)

Tout système d'éducation qui ne poursuit pas ce but est erroné et introduit dans la société le trouble et la confusion. Parmi les faux systèmes d'éducation, il y en a deux principaux à signaler : le système philosophique de J.-J. Rousseau, mis en pratique dans le *Philanthropinum* de Basedow, et le système piétiste, dont les représentants sont les adhérents rigoureux des Réformateurs. Rousseau et Basedow admettent que l'homme est bon par nature, sans inclination au mal, et que pour l'élever il suffit de donner toute la culture possible aux facultés et aux inclinations naturelles.

Les piétistes, au contraire, posent en principe que l'homme est pervers de sa nature, qu'il ne peut rien faire de bien.

L'Église catholique seule proclame et met en pratique le vrai système d'éducation, car elle suit le véritable juste-milieu entre ces deux erreurs : elle tire de la révélation ses principes régulatifs, et admet pour la réalisation de son but aussi bien le secours de la *grâce divine* que la coopération de l'*activité humaine* (voir remarque sur la question 1re). Elle évite ainsi les deux extrêmes.

35. — Qu'est-ce donc que la théorie de l'éducation ?

C'est la méthode à suivre pour élever l'homme d'après certains principes déterminés qui dérivent de sa destination et de sa nature.

36. — Comment s'appelle l'art qui nous apprend à appliquer ces règles ?

L'art de l'éducation.

37. — De quoi s'occupe l'art de l'éducation ?

D'opérer méthodiquement sur le corps et sur l'esprit de l'individu, afin de préparer l'homme à sa vraie destination.

38. — Comment doit être dirigée cette action ?

Elle doit être :

1º Universelle et tenir compte du corps aussi bien que de l'esprit ;

2º Harmonique, et ne cultiver aucune faculté aux dépens des autres ;

3º Appropriée à la nature de l'homme et à l'âge de l'enfant ;

4º Adaptée à l'individualité et à la future carrière de l'enfant.

39. — De combien de manières peut-on influer sur l'éducation scolaire de l'enfant ?

De deux manières, sur son corps et son esprit.

40. — A quelle époque doit commencer cette éducation ?

En même temps que l'instruction, c'est-à-dire dès le premier âge.

Éducation physique.

---

41. — Quelle est la dignité du corps humain?

Le corps humain doit être considéré, non seulement comme l'enveloppe matérielle, mais aussi comme le serviteur de l'âme immortelle, le temple de l'Esprit-Saint. Il arrivera un jour, par la résurrection, à l'immortalité qui lui est garantie par le Christ ressuscité, et sera réuni à l'âme dans la vie éternelle de la glorification. L'esprit et le corps forment un tout naturel, qui se parfait en une personne.

42. — Qu'est-ce qui contribue à la perfection du corps humain?

La vertu, la santé, la force, la souplesse et la beauté.

43. — Combien y a-t-il de moyens d'éducation pour le corps humain?

Il y en a de trois espèces :
1° Les moyens naturels;
2° Les moyens psychologiques;
3° Les moyens pédagogiques.

CHAPITRE I

MOYENS NATURELS D'ÉDUCATION PHYSIQUE

44. — Quels sont les moyens naturels d'éducation physique ?

Ce sont : un air salubre, une nourriture fortifiante, une activité et un repos réglés, des vêtements convenables et la propreté.

45. — Pourquoi un air salubre est-il indispensable?

Parce que l'homme ne peut vivre sans cela, pas plus que le poisson hors de l'eau. La plante ne saurait non plus se développer sans air, sans lumière et sans chaleur. Un air salubre, c'est-à-dire pur et frais, procure la vivacité, la gaieté et un teint florissant. Un air malsain, au contraire, amène un état de mélancolie, de débilité, de dépérissement.

Le maître doit donc veiller à ce qu'il y ait toujours un air pur et renouvelé dans la salle d'école; on doit donc tenir les fenêtres ouvertes, tout en évitant les courants d'air pendant la classe. Les fenêtres ne doivent pas non plus être masquées derrière les fleurs; autant que possible, les manteaux trempés de pluie seront suspendus dans un vestiaire séparé. Les enfants ne doivent pas être placés trop près du poêle, et l'on évitera, en général, les brusques transitions du chaud au froid.

Il en est de même pour l'éducation domestique: il faut surtout tenir à ce que, dans les milieux où les enfants doivent séjourner, il y ait toujours un air pur et fréquemment renouvelé : les fumigations n'assainissent pas l'air. Les enfants doivent rester longtemps en plein air, se gardant toutefois de se tenir immobiles sous un soleil ardent; dans la maison, ils ne demeureront pas trop près du poêle. Faites-leur aussi remarquer combien est insensée l'habitude des adultes qui, au lieu de jouir du grand air, après avoir stationné de longues journées dans l'atmosphère et les émanations des fabriques et des ateliers, vont s'attabler dans les cabarets où l'on suffoque presque au milieu de la fumée et des exhalaisons malsaines.

46. — Qu'entend-on par aliments ?

Les aliments sont certaines substances qui renferment les éléments susceptibles d'être transformés en sang. Celui-ci est proprement la sève vitale dont se forment et où se renouvellent les autres parties du corps. La plupart des aliments renferment de 3/4 à 4/5 d'eau et seulement de 1/4 à 1/5 de substance solide.

Par rapport à la nourriture, il faut tenir compte des observations suivantes : les viandes (3/4 d'eau) fournissent la meilleure base d'alimentation, car elles renferment tous les éléments qui composent le corps humain; mais elles prédisposent à l'altération des humeurs, du caractère, à la rudesse et à la misanthropie. Les légumes et les fruits (9/10 d'eau) purifient le sang, préservent les humeurs d'une trop grande âcreté. Le pain dessèche pendant la jeunesse les humeurs prédominantes, mais, pris en trop grande quantité, il occasionne de l'embonpoint et des aigreurs. Un bon régime alimentaire exige donc que ces aliments soient combinés dans une juste proportion. Quant à la quantité, apprenons aux enfants que l'homme ne vit pas pour manger, mais qu'il doit manger pour vivre. Ce n'est pas la grande quantité qui nourrit, c'est celle qu'on digère. Rappelez aussi aux enfants que les aliments et les boissons sont un don de Dieu et qu'ils doivent être consommés avec un sentiment de gratitude. Pendant le repas, on ne doit ni lire, ni travailler, ni circuler: chaque chose en son temps. Il ne faut pas non plus se mettre à table immédiatement après une vive émotion. Les vêtements trop étroits doivent être desserrés à table. Les festins conduisent à l'intempérance et à la gourmandise. Si un enfant a de la répugnance pour un mets, ne le forcez pas d'en prendre, mais ne tolérez pas non plus qu'il s'en tienne exclusivement à ses goûts favoris. Les spiritueux, le vin, la bière, le thé, le café ne conviennent pas aux enfants et n'éteignent pas la soif, mais l'excitent au contraire davantage. L'eau et le lait sont la meilleure boisson pour cet âge. Les aliments ne doivent être ni trop chauds ni trop froids.

47. — Quelles règles faut-il observer dans les repas ?

1° Habituer les enfants à manger de tous les aliments sains ;

Quiconque ne peut manger de tout est exposé à des privations insupportables, car dans une foule de cas l'homme est contraint à manger ce qu'il trouve, et non ce qu'il préfère.

2° Ne pas leur donner trop à manger, mais les former à la tempérance ;

3° Faire prendre les repas à des heures fixes, afin que la digestion s'opère régulièrement ;

4° Les rendre attentifs aux aliments nuisibles et aux dangers d'en goûter (plantes vénéneuses).

48. — Que faut-il penser des exercices corporels ?

Ces exercices sont indispensables pour la croissance, la santé, la force et l'agilité.

Que le maître n'exige pas d'un petit enfant le silence modeste et recueilli d'un âge plus avancé. Les enfants dont l'attitude est toujours tranquille et posée se trouvent souvent dans un état maladif. Les mouvements les mieux appropriés sont les jeux d'enfants. Ils développent le penchant à l'activité, à l'imitation et à la sociabilité, excitent de l'entrain et procurent à l'instituteur, s'il permet une liberté raisonnable, l'occasion d'apprendre à connaître plus à fond les enfants.

49. — Quelles règles faut-il observer l'égard des jeux?

1° Ceux qui tendent à développer la tenue convenable et élégante du corps méritent la préférence;

2° Les mouvements forts et continus ne conviennent pas immédiatement avant ou après le repas;

3° Pendant les récréations, il faut interdire les cris sauvages, et surtout les attitudes et les gestes indécents;

4° Les élèves ne doivent se fatiguer outre mesure ni au jeu ni au travail;

5° Les jeux doivent varier selon les saisons;

6° On ne doit pas tolérer chez les enfants les jeux qui visent au gain, car ils conduisent à la fraude, à la cupidité, au vol et à d'autres vices du même genre.

On assignera, si possible, aux garçons et aux filles une cour de récréation séparée, et à une certaine distance, pour éviter la vue mutuelle. Les enfants auront ainsi l'avantage de se choisir des jeux appropriés à leur sexe et de se mouvoir tout naturellement et sans contrainte.

50. — Qu'y a-t-il à observer par rapport au sommeil?

Pour la croissance, le sommeil est aussi nécessaire que le mouvement, car il favorise le développement intellectuel; c'est par le sommeil que le cerveau se fortifie.

Hufeland pose les règles suivantes pour les adultes : « Personne ne doit dormir moins de six ni plus de huit heures. » Ainsi l'on doit dormir le quart d'un jour. Mais il est ici à observer que deux heures avant minuit valent

mieux que quatre heures après minuit, et que le travail
intellectuel exige un sommeil plus long (repos du cerveau)
que le travail du corps. Durant l'enfance, il faut dix heures
de sommeil; pendant l'adolescence, huit heures, et quelque
chose de plus en hiver qu'en été. On ne pense pas assez
que les enfants travaillent proportionnellement plus que les
hommes faits. Trop de sommeil assoupit le corps aussi bien
que l'esprit; trop peu de sommeil, au contraire, le fait dé-
périr rapidement. Les enfants ne doivent pas rester au lit
lorsqu'ils sont réveillés.

51. — Quel est le but du vêtement?

Le vêtement a pour but de protéger et de fortifier la santé, la moralité et la pudeur; il sert
aussi à distinguer les sexes, les rangs de la
société et à orner le corps.

Avant tout, il faut veiller à ce qu'en s'habillant, en se
déshabillant, en toute occasion on évite soigneusement tout
ce qui blesse la décence. Des vêtements trop étroits, trop
chauds, trop raides, qui gênent le libre usage des membres
et le développement du corps, sont funestes à la santé. Un
costume imitant celui du matelot est ce qu'il y a de plus
convenable pour les garçons. Des étoffes d'un tissu lâche
tiennent plus chaud que celles d'un tissu serré; celles de
couleur sombre sont plus chaudes que les couleurs claires.
Celles-là conviennent pour l'hiver, celles-ci pour l'été. Le
célèbre médecin hollandais *Boerhave* aimait à dire : *Con-
serves la tête froide, les pieds chauds, le ventre libre, et vous
pourres vous préserver d'une foule de maladies graves.*
Arrière donc les bonnets fourrés, les châles et les cache-
nez. Des personnes qui circulent toute l'année la tête, le
cou et les bras découverts ne s'en portent pas plus mal.
Les couvertures en laine, les paillasses et les matelas en
crin de cheval ou en crin végétal sont préférables aux du-
vets de plumes, même pour les oreillers.

52. — Pourquoi la propreté est-elle nécessaire à l'éducation?

La propreté est nécessaire, parce qu'elle est fa-

vorable à la santé; c'est aussi le meilleur préser-
vatif contre plusieurs maladies.

C'est, selon saint Augustin, une demi-vertu... À ce
point de vue, le maître doit donc faire tous ses efforts pour
inspirer aux enfants l'idée et le goût de la propreté, de
telle manière qu'elle devienne en même temps pour eux un
besoin; car l'ordre et la propreté conduisent à la moralité
et à la vertu. Mais cette qualité doit s'étendre à tout : à la
personne de l'instituteur, à la salle d'école, à son ameublement, à ses dépendances, à la personne des enfants, à leurs
vêtements, à leurs livres et à leurs cahiers. On recommandera particulièrement les bains et les ablutions d'eau froide,
mais non, bien entendu, aux petits enfants débiles. Il faut
toutefois veiller à ce que l'eau n'ait pas au-dessous de
15 degrés, et qu'on ne se baigne pas aussitôt après un repas
ou quand on a le corps échauffé; et surtout il faut respec-
ter la pudeur. Par des lotions et des bains froids, on s'en-
durcit contre les intempéries et les variations de température; on s'épargne fréquemment les rhumes, les rhumatismes
et les enrouements. La circulation du sang devient alors
plus accélérée et plus stimulante, la respiration plus aisée et
les muscles plus vigoureux. Cet accroissement de forces n'est
pas seulement apparent et passager comme lorsqu'on a
bu du vin ou de la bière, mais il est persistant. Au contraire, les bains chauds fréquents amollissent, diminuent les
forces et la vivacité, augmentent la sensibilité à l'égard des
variations de température.

53. — Que doit faire l'instituteur pour stimuler
les enfants à la propreté ?

1° Il se présentera toujours à l'école dans une
tenue propre, correcte et irréprochable ;

2° Il tiendra à ce que la salle d'école, spécialement le plancher, les fenêtres, les parois, les
bancs, les tableaux soient toujours propres et bien
entretenus ;

3° Il renverra, pour se peigner et se laver, les
enfants qui arriveront malpropres et les cheveux
en désordre.

CHAPITRE II

MOYENS PSYCHOLOGIQUES D'ÉDUCATION PHYSIQUE

54. — Quels sont les moyens psychologiques d'éducation physique ?

Ce sont : l'empire sur les affections et les passions, la culture des organes des sens, celle de l'organe de la parole et la gymnastique.

55. — Qu'entend-on par affections ?

Les affections sont de rapides et fugitifs mouvements de plaisir ou de déplaisir, de joie, de colère, d'effroi, etc., avec le désir de réaliser immédiatement ces impulsions de la sensibilité.

56. — Qu'est-ce que les passions ?

Les passions sont des mouvements violents de l'âme auxquels il est très difficile de résister. Là où règne la passion, la raison et la réflexion perdent leur empire. Les affections et les passions agissent d'une manière désastreuse sur le corps et sur l'esprit.

Les penchants peuvent obscurcir les opérations de l'intelligence si les impressions atteignent un très haut degré de sensibilité. Il y a autant d'espèces de penchants que de sentiments. On peut classer les penchants en sensitifs et intellectuels, agréables ou désagréables.

57. — D'où résultent les affections et les passions ?

Elles proviennent des impressions sensibles et

intérieures que nous éprouvons au sujet d'une chose quelconque.

58. — Que doit faire l'instituteur à l'égard des affections et des passions?

Devant un enfant passionné, l'instituteur doit conserver une attitude calme, sérieuse et toujours égale, ne jamais opposer la passion à la passion. Qu'il évite toute précipitation et prenne l'habitude de tout faire avec réflexion et circonspection, et qu'avant de parler et d'agir il examine et prévoie mûrement quelles pourront être les suites de sa ligne de conduite.

L'exemple de l'instituteur est donc le premier moyen à considérer ici; mais il faut aussi amener l'élève à se connaître soi-même, à s'habituer à la crainte de Dieu et à l'empire sur soi-même. Parfois le travail, la répression de l'imagination, la rectification des idées rendent aussi de très bons services.

59. — A quoi servent les organes des sens?

Ils servent d'intermédiaires aux relations entre le corps et l'esprit en les réunissant dans une étroite unité. Des sens bien formés, grâce surtout à la culture de notre esprit, facilitent aussi l'accomplissement des devoirs professionnels, et procurent d'agréables et innocentes jouissances dans la vie.

La tâche du maître est donc : 1° de protéger les sens (la vue, l'ouïe, l'odorat, le goût, le toucher) contre toute lésion du dehors; 2° de les fortifier par des exercices d'application (exercices de vision minutieuse, pénétrante, éloignée, juste, rapide, de discernement des objets quant à leur finesse, leur odeur, leur goût, etc.).

60. — Qu'est-ce que le langage?

C'est la faculté de faire entendre aux autres nos

pensées et nos impressions. Les organes du langage sont la bouche, la langue, les lèvres, les dents, le palais, le larynx, la trachée-artère, les poumons, et même quelquefois le nez.

61. — Comment doit-on cultiver les organes du langage?

En faisant reproduire à haute et intelligible voix, avec une prononciation pure et correcte, les sujets qui sont à la portée des enfants et qui ont été préalablement expliqués par le maître.

62. — Qu'est-ce que la gymnastique?

Par gymnastique, on entend l'art de développer l'organisation par des exercices corporels.

La gymnastique est en partie *naturelle*, en partie *appliquée*, d'après certaines règles élémentaires. La nature donne elle-même les indications pour la gymnastique naturelle. Les enfants sont déjà par inclination des gymnastes: marcher, courir, lancer un projectile vers un but, franchir des fossés, grimper, gravir, soulever des fardeaux, etc. : voilà leur élément. Cette gymnastique naturelle doit être dirigée et secondée par certaines précautions qui préviennent les désordres et les accidents.

La danse appartient aussi aux exercices du corps. A propos de danse, saint François de Sales dit : « Les danses sont comme les champignons: les meilleurs ne valent rien.»

63. — Quelles règles faut-il suivre pendant les exercices de gymnastique?

1° Ces exercices ne doivent pas donner occasion à la grossièreté et à l'indécence;

2° Il y a une certaine mesure à garder, et il faut tenir compte des forces des élèves pris individuellement.

Les exercices les plus convenables pour les filles et pour les jeunes garçons sont les jeux de récréation, auxquels se rattachent pour les garçons plus âgés les exercices libres gradués, que l'instituteur peut enseigner pendant les principaux intervalles de classe.

CHAPITRE III

MOYENS PÉDAGOGIQUES D'ÉDUCATION PHYSIQUE

64. — Les enfants affligés d'infirmités corporelles ont-ils aussi droit à l'éducation?

Incontestablement, car ils sont aussi créés à l'image de Dieu et destinés à être formés à la ressemblance de Jésus-Christ.

65. — Comment partage-t-on les infirmités corporelles?

1° En infirmités qui résultent d'habitudes vicieuses;

2° En infirmités qui proviennent de surexcitation intellectuelle ou morale;

3° En infirmités qui sont la suite d'un vice organique.

66. — En combien d'espèces partage-t-on les habitudes vicieuses?

En deux espèces: les habitudes qui proviennent d'un genre de vie anormal et celles qui proviennent de l'usage vicieux d'une partie du corps.

67. — Quelles habitudes vicieuses proviennent d'un genre de vie anormal?

Ce sont l'excès de mollesse et de sensibilité,

l'oisiveté, l'indolence, la lourdeur, la maladresse, l'imbécillité, la rudesse.

68. — Comment réagit-on contre l'excès de mollesse et de sensibilité?

On combat ces deux défauts en endurcissant les enfants de bonne heure.

On habituera donc les enfants dès le bas âge au vent et à la pluie; on les endurcira à la fatigue, en observant bien entendu une sage mesure. On les accoutumera aussi à une nourriture frugale, en limitant parfois la quantité à une portion modeste; on les privera alternativement du confort auquel ils sont habitués, et l'on ne tolérera aucun besoin factice. Moins l'homme éprouve de besoin, plus il est heureux. Plus l'homme sait s'accommoder de tout dans les circonstances diverses de la vie, plus il est libre et indépendant. La mollesse, la délicatesse, la friandise, la sensualité engendrent la débilité, la maladie.

69. — Comment réagit-on contre l'oisiveté et l'indolence chez les enfants ?

Principalement en leur inculquant l'amour du travail et de la ponctualité dans tous les travaux, dans toutes les affaires, dans toutes les actions.

On ne tolère donc pas que les enfants soient longtemps désœuvrés, mais on les occupe d'après leur âge et leurs forces. On ne permet pas non plus qu'ils présentent un travail incorrect et peu soigné. Les enfants paresseux, légers et dissipés doivent être aiguillonnés, et s'ils regimbent on les punira. Si la négligence provient d'un défaut d'aptitude, il faut proportionner la tâche, afin qu'elle ne soit pas trop difficile. Provient-elle de faiblesse de complexion (débilité, croissance rapide, etc.), il faut la traiter avec des égards et certains ménagements, puis employer des moyens médicaux.

70. — Comment doit-on agir à l'égard des individus lourds, maladifs et timides?

On leur apprend à observer la tenue convenable

dans les rapports sociaux, à l'église, à la maison, à table, en visite et envers les personnes de toutes les classes. On appelle leur attention sur les manières des gens cultivés, on les accoutume à la présence d'esprit et à la circonspection en leur racontant comment des gens se sont tirés de péril par leur sang-froid. Par-dessus tout, gardons vis-à-vis des enfants notre propre sang-froid et notre présence d'esprit.

C'est une faute grossière contre les convenances d'amener des enfants dans la société des gens d'âge mûr, où ils sont à la fois très ennuyés par le silence et l'immobilité qu'on leur impose, et fort ennuyeux et impatientants par leur manière de se comporter, souvent des plus indiscrètes. Cela développe une précocité pernicieuse pour le corps et pour l'esprit; car les enfants voient et entendent mille choses dont ils peuvent abuser; les jeunes gens y reçoivent le vernis des usages, y apprennent à parler et à se comporter selon l'étiquette, à se produire, mais ils désapprennent à être timides et à rougir, ils deviennent loquaces, indiscrets, prétentieux, tranchants et dissimulés.

71. — Comment rend-on souvent un enfant timide ?

Par la dureté, la grossièreté et le défaut de bienveillance dont on use envers lui.

La timidité se rencontre le plus souvent là où l'obéissance n'est inspirée que par la crainte.

72. — Qu'y a-t-il à observer à l'égard de la grossièreté?

Il faut rechercher la source d'où elle provient, puis la supprimer. Elle résulte, ou de l'indolence, ou de l'orgueil, ou du dédain; il faudra réagir énergiquement contre ces défauts.

73. — Quelles précautions faut-il observer à l'é-
gard des enfants malades?

Si l'enfant dissimule son état de malaise, parce
qu'il s'est mis par sa propre faute en cet état,
il faut l'encourager avec bonté à avouer la cause
du mal, puis on fait appeler le médecin.

Fait-il, au contraire, semblant d'être malade afin
de satisfaire une convoitise, de ne pas aller en
classe, d'échapper à une tâche, ou dans la crainte
d'être privé d'un plaisir, on lui donne une tisane
inoffensive et on lui interdit toute récréation. Il
se déclare bientôt rétabli.

74. — Quelles infirmités proviennent de l'usage
vicieux de certains organes?

Ce sont le strabisme (action de loucher), l'attitude irrégulière du corps, la démarche noncha-
lante, etc.

Il ne faut absolument pas tolérer ces habitudes. L'enfant
doit maintenir son corps droit, s'accoutumer à une démarche
régulière, tenir le regard fixe. Si l'on tolère les mauvaises
habitudes, elles dégénèrent plus tard en infirmités incu-
rables.

75. — Comment réagit-on contre les infirmités
qui proviennent d'une surexcitation intellectuelle
et morale?

Uniquement par l'empire sur ses passions,
ainsi que par l'éducation morale et religieuse en
général. C'est le concours de l'enfant qu'il faut
surtout obtenir ici.

76. — Qu'y a-t-il à faire à l'égard des infirmités
corporelles qui sont la suite d'un vice organique?

Les infirmités corporelles qui sont la suite

d'une défectuosité organique, comme par exemple le bégaiement, la myopie, la surdité, ne peuvent être guéries que par des soins médicaux.

Dès les premiers symptômes, il faut appeler le médecin, afin que le mal n'empire pas, et suivre exactement les prescriptions de l'homme de l'art. On croit souvent remédier soi-même au mal, et on laisse échapper les instants favorables pour la guérison.

77. — Quelles sont les principales infirmités corporelles provenant d'un organe défectueux?

Ce sont : le bégaiement, la myopie, la surdité, la cécité, le mutisme et la surdi-mutité (infirmité des sourds-muets).

78. — Qu'y a-t-il à faire à l'égard du bégaiement?

Le bégaiement ne doit pas être considéré comme une mauvaise habitude, mais comme le résultat d'un vice organique de la voix; il doit donc être traité suivant certaines règles.

L'instituteur ne peut rien faire ici par lui-même, si ce n'est encourager les enfants par d'affectueux procédés à s'exprimer lentement, d'un ton de voix assez bas après avoir fortement aspiré de l'air pour dilater la poitrine.

79. — Qu'y a-t-il à observer par rapport à la myopie ?

Si la faiblesse de la vue n'a pas sa cause dans un vice organique de l'œil, on peut y remédier en obligeant l'élève pendant la lecture à tenir son livre ouvert à une certaine distance, à écrire en tenant le corps droit et en préservant la vue de couleurs trop vives. La puissance visuelle est aussi fortifiée si les tables et les parois sont peintes en vert mat. Les lotions à l'eau fraîche fortifient également l'œil et la vue. Des yeux faibles se fortifient encore mieux avec l'eau fraîche mélangée de lait tiède.

80. — Qu'y a-t-il à faire à l'égard des enfants qui ont l'ouïe dure?

Chez les enfants atteints de surdité, on doit veiller avec beaucoup de soin à la propreté des oreilles. On leur recommandera de tenir la bouche ouverte.

L'ouïe est affaiblie par des coups sur la tête, par le refroidissement subit de la tête trempée de sueur, par le sommeil dans des endroits humides et par le séjour dans un milieu assourdissant.

81. — Comment faut-il traiter les enfants aveugles ?

Les enfants aveugles doivent prendre part aux leçons de religion, aux exercices de mémoire, de calcul mental et de langue, au chant et à la musique. Pour les objets d'enseignement qui se basent sur l'intuition, ils les apprennent par un exercice attentif et minutieux du toucher au moyen d'appareils d'enseignement confectionnés pour cette destination.

Il faut distinguer entre les aveugles-nés et ceux qui le sont devenus plus tard. Ces derniers apportent à ces laborieuses et pénibles leçons de la tristesse, de la taciturnité, de la défiance, et le plus souvent c'est par des considérations religieuses qu'il faut les consoler et les encourager.

82. — Par quoi peut-on suppléer en partie à la privation de l'ouïe?

Par le sens de la vue; cependant il ne faut pas seulement apprendre aux sourds à lire et à écrire, mais surtout à parler, afin qu'ils puissent facilement se faire comprendre.

83. — Qu'y a-t-il à observer à l'égard de la surdi-mutité?

C'est que, chez la plupart des sourds-muets, c'est l'ouïe plutôt que la parole qui fait défaut. Chez les vrais sourds-muets, il faut d'abord exercer à la prononciation des consonnes labiales, puis à celle des sons gutturaux, et enfin à la langue écrite.

84. — Comment peut-on, par conséquent, donner des leçons aux sourds muets?

Autrefois on supposait que le sourd-muet avait un vice organique à la langue, et l'on essayait d'y remédier par une opération chirurgicale, jusqu'au moment où le moine espagnol Pedro de Ponce (1570) réussit pour la première fois à donner un enseignement aux sourds-muets; ce résultat fut publié par son compatriote le médecin Vallès, et bientôt après imité dans les autres pays.

C'est néanmoins à un prêtre français, l'abbé de l'Épée, que revient à cet égard le principal mérite (1712-1789). L'empereur Joseph II envoya auprès de lui à Paris un prêtre séculier, Jean-Frédéric Stork, en 1779, pour s'initier à la manière d'instruire les sourds-muets. A côté de l'instruction par les gestes et par les signes, la manière d'apprendre aux sourds-muets à parler réellement par l'émission des sons fut positivement essayée, déjà en 1660, par le médecin suisse Amman. Plus tard, en 1777, elle fut développée par le chantre d'église Heinick de Saxe, et vers 1800, par Graser, prêtre catholique de Franconie, ainsi que par d'autres expérimentateurs. Il y a maintenant dans les pays civilisés environ 200 instituts de sourds-muets, fréquentés à peu près par 6,000 élèves. Le nombre des sourds-muets en Europe peut être évalué à environ 750,000.

IIe SECTION

Éducation intellectuelle.

----

85. — Qu'est-ce que l'âme ?

L'âme est la substance spirituelle et immatérielle qui nous anime.

86. — Que faut-il penser de la nature de l'âme des animaux ?

Nous ne pouvons savoir d'une manière positive ce qui constitue proprement le principe vital chez les animaux. La plupart des philosophes pensent que l'âme des animaux n'est ni matière ni esprit ; elle est une force en acte et ne peut se concevoir agissant indépendamment du corps qu'elle anime.

87. — Quelle âme s'appelle l'esprit ?

C'est l'âme humaine, formée à l'image et à la ressemblance de Dieu, et qui se détermine librement à vouloir ou à ne pas vouloir.

88. — Comment les impressions du dehors agissent-elles sur la formation de l'intelligence ?

Elles agissent sur les sens d'abord ; et par suite, sur l'entendement et la volonté ; bien qu'en réalité ces facultés n'agissent jamais l'une sans l'autre. C'est pourquoi l'éducation ne doit pas être exclusive, mais harmonique. On ne peut faire germer de nouvelles dispositions dans l'âme des enfants, mais seulement diriger, fortifier et ennoblir celles qui s'y trouvent déjà.

On distinguait naguères trois facultés de l'âme : la connaissance, le sentiment, la volonté. Mais comme la volonté et le sentiment sont liés entre eux d'une manière si inséparable qu'ils agissent simultanément, on ne parle ordinairement que des deux facultés : l'entendement et la volonté.

CHAPITRE I

CULTURE DES FACULTÉS INTELLECTUELLES

89. — Qu'est-ce que l'intelligence ?

C'est la faculté supérieure de connaître, qui saisit la nature des choses, l'intelligible dans le sensible, l'universel dans le particulier, et peut s'élever jusqu'à la connaissance de Dieu.

90. — Quel est donc l'objet de l'intelligence ?

C'est la connaissance de cet univers, de nous-mêmes et de Dieu.

91. — Quelles opérations comprend la faculté de connaître ?

Ce sont :

1° Celle de concevoir (idées);
2° Celle de juger (jugement);
3° Celle de raisonner (raisonnement).

92. — Qu'est-ce que la faculté de concevoir?

C'est la faculté par laquelle l'entendement forme en lui-même ses idées.

93. — Quels sont les degrés de la formation des idées?

1° La sensation;
2° L'image intérieure;
3° L'idée.

94. — Combien y a-t-il d'espèces de perceptions des sens?

Il y en a deux: la perception externe ou sensible et la perception interne ou sens intime.

95. — Qu'entend-on par la perception externe?

C'est celle qui fixe en nous les impressions qu'un objet du monde extérieur fait sur nous. Cette perception se fait à l'aide des organes des sens.

96. — Qu'entend-on par la perception interne?

C'est l'impression qu'un sens intérieur produit en nous. Les sens intérieurs sont l'imagination et la mémoire. Les impressions sont conservées par le sens intime et analysées par la réflexion intellectuelle.

Cette perception des actes intérieurs s'appelle sens intime. Elle est la base de toute la connaissance de soi-même, parce que l'homme ne se connaît qu'en tant qu'il se rend compte de tous ses actes intérieurs.

97. — Comment doit-on cultiver la perception extérieure?

1° Par la légitime et normale application des organes des sens;

2° Par la mesure exacte des phénomènes observés;

3° Par l'exercice de l'attention.

Avant tout, il faut habituer les enfants à se rendre compte de tout ce qu'ils ont vu, et les mettre en garde contre cette légèreté et cette superficialité juvéniles qui se contentent d'un coup d'œil rapide et fugitif, au lieu d'un examen attentif des objets.

98. — Qu'est-ce que la curiosité et qu'est-ce que le désir de savoir?

Le désir de savoir est le désir de connaître les causes des phénomènes. La curiosité est le penchant à s'informer de ce qui est nouveau et futile. Elle présuppose le désir de savoir.

Chez les enfants, les deux penchants sont souvent réunis, et le dernier ne fait presque jamais défaut. On doit rarement contenter la curiosité, mais on ne peut pas non plus toujours satisfaire le désir de savoir, car les enfants demandent souvent des choses pour lesquelles ils ne sont pas encore mûrs.

99. — Qu'entend-on par attention?

C'est l'application de l'intelligence à un objet quelconque. Être attentif, c'est isoler par la force de la volonté un phénomène, une sensation ou une idée, et les considérer séparément des autres phénomènes ou des autres sensations.

100. — Comment peut-on fortifier l'attention?

1° En éloignant tout ce qui pourrait solliciter la

curiosité; pendant la leçon l'élève ne doit rien avoir entre les mains; toute son application doit être concentrée et dirigée sur la parole du maître;

2° En surveillant attentivement tous les exercices de la classe;

3° En s'exprimant avec clarté, précision, méthode;

4° En exerçant les enfants à un travail sérieux et spontané;

5° En distribuant convenablement le plan des leçons, afin de ne pas trop fatiguer les enfants par le défaut de variété dans les exercices;

6° En évitant les admonitions trop nombreuses et les éclats de voix trop élevés.

101. — Comment doit-on cultiver la réflexion intellectuelle et morale?

En analysant ses propres actions et ses omissions, et en comparant ses actes avec la loi divine, les enseignements de l'Église et surtout avec le témoignage de sa propre conscience. On arrive à cette réflexion en se posant les questions suivantes : Qu'est-ce que je fais maintenant? Pourquoi? Quel est mon but? Comment y suis-je disposé? Quelle en est la cause? D'où vient cet effet désagréable? Quels moyens dois-je employer pour faire mieux ou autrement?

Lorsqu'on réfléchit sur soi-même, il faut spécialement éviter de se faire des illusions. On comparera donc continuellement ses actions et ses omissions avec ce que prescrit la religion. On imprimera dans le cœur des enfants cette vérité : Une chose est juste si elle est conforme, injuste si elle est contraire aux commandements de Dieu et de l'Église, et non parce qu'elle est déclarée juste ou injuste au jugement des hommes.

102. — Qu'est-ce que l'imagination ?

L'imagination est la faculté que possède l'âme : 1° de se représenter les choses sensibles absentes ; 2° de former des images ou des représentations qui ne correspondent à aucun objet réel. Elle dépend de la mémoire, qui lui offre les matériaux sur lesquels elle s'exerce, de l'attention qui choisit ces matériaux et de la raison qui préside à ce travail.

L'imagination créatrice ou productive s'appelle aussi imagination poétique.

103. — Comment doit-elle être dirigée et cultivée ?

Par la récréation et les jeux, les récits bibliques, les légendes, les contes, et par l'étude de la nature et des chefs-d'œuvre des beaux-arts.

104. — Comment doit-elle être disciplinée ?

1° En la préservant de toute surexcitation, en éloignant les romans, les tableaux, les images, les statues qui offensent et affaiblissent le sentiment de la pudeur. Elle est la faculté de l'idéal, et tout le monde a besoin d'idéal.

2° En la subordonnant à la raison.

Si l'élève est en proie à de vagues rêveries et se comporte d'une manière singulière, on doit lui procurer une diversion par un travail convenable et assidu, et surtout le laisser rarement seul.

105. — Qu'est-ce que la mémoire ?

La mémoire est la faculté, non seulement de retenir, de conserver et de reproduire les images, les idées, les impressions reçues, mais encore de les réveiller. Confier quelque chose intentionnellement à la mémoire s'appelle apprendre par cœur.

On distingue en particulier la mémoire des chiffres, des noms, des sons et des choses. A la mémoire des mots il manque la participation de l'intelligence et des puissances supérieures de l'âme. A la mémoire des choses appartiennent la réflexion et le jugement, car l'attention est dirigée sur l'ensemble des idées, et l'intelligence vient par la réflexion au secours de la mémoire.

106. — Quels sont les caractères d'une bonne mémoire?

Les caractères d'une bonne mémoire sont les suivants : la facilité à apprendre, la ténacité à conserver et la promptitude à reproduire.

107. — Comment peut-on la cultiver, l'exercer et la fortifier chez les enfants?

1º En commençant à l'exercer de très bonne heure et en continuant d'une manière ininterrompue. De 4 à 14 ans, la mémoire est à l'apogée de sa force réceptive.

Le maître ne doit cependant pas considérer comme un génie un enfant qui débite très gentiment des fables et des proverbes appris par cœur, alors qu'il ne sait peut-être pas réciter les dix commandements de Dieu.

2º En ne surchargeant pas la mémoire au risque de l'émousser, mais en donnant des tâches convenablement réparties.

Les enfants qui ne savent pas encore lire mécaniquement apprennent par cœur en entendant lire ou réciter distinctement et lentement. Mais à ceux qui savent lire on donne à apprendre d'abord jusqu'au point virgule, puis jusqu'au point, ou bien la phrase entière ou l'alinéa s'il est court, mais non en lisant tout d'un trait 5, 10, 20 lignes jusqu'à ce qu'ils sachent les reproduire de mémoire. Pour les exercices de récitation, les élèves peuvent être partagés en plusieurs divisions, et ce grand nombre d'élèves ne donnera pas le dégoût des récitations. Qu'importe que l'élève ait peu ou beaucoup à retenir s'il conserve le désir d'apprendre avec le désir de mériter et d'obtenir la satisfaction des parents et des maîtres. Les récitations hebdomadaires et mensuelles fortifient extraordinairement la mémoire. Le moment le plus convenable pour apprendre par cœur est le matin après avoir lu et relu sa tâche la veille au soir.

3° En exerçant tantôt la mémoire des mots, tantôt celle des choses, le plus souvent les deux à la fois.

Il faut donc, dans l'occasion, expliquer d'abord aux élèves la tâche à apprendre, afin de ne pas exercer la mémoire des mots aux dépens de l'intelligence. Mais l'opinion que l'enfant ne doit rien apprendre par cœur de ce qu'il ne comprend pas est fausse, sinon bien des enfants devraient attendre longtemps avant d'apprendre l'Oraison dominicale, etc.

4° En s'appliquant à conserver chez les enfants une vie pure, innocente et frugale, car l'état de l'âme, aussi bien que celui du corps, exerce une grande influence sur la mémoire.

108. — Quelle est l'utilité de la mémoire pour l'homme?

1° Elle conserve à l'homme ce qu'il a appris, et lui procure ainsi un trésor de connaissances;

2° Elle lui rappelle en toutes les circonstances de la vie ce qu'il a à faire;

3° Elle le préserve de mille perplexités auxquelles il serait exposé par oubli et irrésolution.

En particulier, elle nous rappelle aussi les vérités consolantes de notre sainte religion aux jours des tentations et des épreuves.

109. — Qu'est-ce que la formation des idées?

C'est l'ensemble des opérations des sens, de l'imagination et de la mémoire, qui, en vertu de l'activité de l'esprit, nous fait reproduire par une représentation mentale la nature des choses.

110. — Qu'est-ce qu'une idée?

C'est la représentation mentale d'une chose d'après ses caractères essentiels.

111. — Comment divise-t-on les idées?

Les idées se divisent :
1º D'après leur objet;
2º D'après leur étendue;
3º D'après leur degré de perfection.

112. — Comment se classent les idées d'après leur objet?

Il y a : 1º des idées simples (être, substance, cause); 2º des idées complexes (arbre, animal, guerre); 3º des idées concrètes (maison); 4º des idées abstraites (l'humanité, la sagesse); 5º des idées générales (homme, oiseau); 6º des idées relatives (fils, esclave).

113. — Comment se classent les idées d'après leur étendue?

Il y a les idées de genre (animal), d'espèce (l'homme), d'individu (Paul).

114. — Comment se classent les idées d'après leur degré de perfection ?

Il y a l'idée *claire*, si l'on conçoit un objet de manière à le distinguer des autres; l'idée *nette* ou *distincte*, si l'on peut non seulement le distinguer des autres, mais encore en énumérer tous les caractères; l'idée *obscure*, si l'on conçoit un objet, mais pas assez clairement pour pouvoir le discerner des autres; l'idée *fausse*, qui altère la nature des choses.

115. — Qu'est-ce que le jugement ?

Le jugement est la faculté par laquelle nous unissons deux idées qui se conviennent, et séparons celles qui ne se conviennent pas. Par exemple, le *poêle est chaud*, le *poêle n'est pas chaud*.

L'aptitude à penser vite et juste s'appelle un *jugement sain*. La facilité de discerner facilement et vite des analogies délicates et cachées entre plusieurs choses différentes, s'appelle *finesse*. La capacité de discerner vite de délicates et secrètes analogies entre des choses semblables, s'appelle *sagacité, perspicacité, esprit*.

116. Qu'est-ce que le raisonnement ?

Le raisonnement est une opération par laquelle l'esprit passe d'une vérité déjà connue à une autre vérité encore inconnue ou incertaine, en montrant que la seconde est liée à la première.

Ainsi quand je dis : *Les fleurs, les animaux, les hommes meurent; donc tous les organismes se détruisent et meurent*, je fais une induction.

Quand je dis: *Tout élève qui veut s'instruire doit travailler; or Louis veut s'instruire; donc il faut que Louis travaille*, je fais une déduction.

La *majeure* doit exprimer une vérité générale incontestable. Le sujet de la mineure, ou 2ᵉ proposition, doit renfermer une vérité particulière implicitement comprise dans la 1ʳᵉ proposition. Des prémisses vraies peuvent donner lieu à des conclusions fausses. Par exemple : *Tout ce qui a des plumes vole; or le papillon vole; donc le papillon a des plumes.*

117. — Quelle est la différence entre l'entendement et la raison ?

L'entendement est la faculté par laquelle l'homme forme des notions, des jugements et des raisonnements. Lorsque cette même faculté descend des principes aux conséquences et aux applications, on l'appelle mieux la raison.

118. — Qu'est-ce qu'une notion ?

Les notions ou vérités premières sont certaines idées nécessaires à l'homme et dépassant les données de l'expérience. C'est ce que certains philosophes appelaient les *idées innées.* Telles sont, par exemple, les notions d'être, de vrai, de bien, de force, de substance, de cause, de devoir, de justice, de vertu.

Les notions doivent être développées par l'instruction et l'exemple, par la pratique d'une vie pieuse et chrétienne qui les vivifie, les mûrit et les rend toujours plus claires et plus conscientes.

L'enfant peut déjà réfléchir à ce qui est bien ou mal. Il peut joindre les mains pour la prière, et il a le sentiment qu'il y a en dehors et au-dessus de lui quelque chose de supérieur, un Dieu. Il y a en lui une aspiration naturelle et innée vers la divinité.

119. — Comment développe-t-on la raison ?

Par l'instruction religieuse et par la mise en pratique des préceptes de la doctrine chrétienne.

120. — Comment développe-t-on l'intelligence?

1° Le maître fait nommer par les enfants des objets visibles, à leur portée, avec leurs caractères essentiels et accidentels;

2° Il les rend attentifs à l'usage, à l'utilité ou à l'inconvénient, au danger d'objets connus;

3° Il leur explique par de nombreux exemples les notions de cause, d'effet, de moyens, de fin, de motif;

4° Il les exerce assidûment à comparer et à distinguer des objets connus; en particulier il leur montre la différence entre l'image et l'objet réel (l'original et la copie), entre la chose et l'apparence.

On ne saurait croire combien il est important de démontrer que les signes des choses ne sont pas les choses elles-mêmes. Souvent le bien et le mal, l'avantage et le préjudice ont une apparence trompeuse. Trop souvent les choses nous apparaissent autrement qu'elles ne sont en réalité; peut-être cela provient de ce que les organes de nos sens ne sont pas dans un état de santé, ou parce que nous ne distinguons pas ce que nous percevons par les sens, ou parce que nous n'avons pas une idée juste et vraie de beaucoup de choses, parce que notre sentiment a été troublé par les sens ou par des idées fausses préconçues (préjugés), ou par des émotions violentes, telles que la colère, l'amour, la haine, le désir, la crainte, la joie, la tristesse.

5° Il leur apprend à diriger leur attention sur eux-mêmes, sur leurs dispositions intérieures et à discerner d'où vient, par exemple, qu'ils sont contents, tristes, inquiets, agités, etc.

Les enfants doivent être astreints à agir avec conscience de leurs actes, c'est-à-dire à examiner ce qu'ils pensent, veulent, désirent et font, et *pourquoi* ils veulent, désirent, font telle chose. Mais si le désir ou le but que les enfants expriment en réponse aux questions de l'instituteur est coupable en soi, il les en détourne affectueusement. Le maître peut faire briller ses élèves par la culture de l'intelligence, mais ce n'est que par la culture de la volonté qu'il peut accomplir son devoir et correspondre au but de l'éducation.

121. — Les hommes ont-ils tous les mêmes aptitudes naturelles?

Non, il y a des hommes qui possèdent à un haut degré l'une ou l'autre aptitude. On dit d'eux qu'ils ont des *talents*. Lorsqu'ils possèdent ces aptitudes à un degré éminent, on dit qu'ils ont du *génie*. Celui qui développe ces aptitudes jusqu'à la perfection et qui atteint une grande habileté dans sa spécialité s'appelle *un maître*.

On ne doit pas confondre le naturel, le caractère, le tempérament, l'individualité. Ces mots sont analogues avec les notions : *Inclinations, particularités de caractère.*

122. — Qu'entend-on par crétinisme?

C'est non seulement la faiblesse des organes des sens, mais encore et surtout la faiblesse de toutes les facultés intellectuelles. Les principaux phénomènes du crétinisme sont: l'absence de mémoire, l'étroitesse de conception, la versatilité, l'incapacité d'une volonté ferme.

Cette débilité organique provient du mal caduc (épilepsie, apoplexie, fièvre chaude, libertinage, ivrognerie, chaleur, froid, défaut de nourriture, etc.). La démence est une suite de la frayeur, du chagrin, d'une colère ou d'une joie excessive.

CHAPITRE II

CULTURE DES FACULTÉS MORALES

123. — Qu'est-ce que la sensibilité?

Le mot sensibilité exprime d'une manière générale la faculté de sentir, c'est-à-dire d'éprouver des sensations (froid, chaud, etc.), ou des sentiments (plaisir, douleur, etc.). « Tous les différents états où l'âme se trouve, quand elle est affectée d'une manière quelconque, sont les résultats de la faculté de sentir ou de la sensibilité. » (Bossuet.)

La volonté renferme ce que nous avons précédemment appelé *sensibilité* et *volonté*.

I. *Du sentiment.*

124. — Comment se partage l'activité humaine?

L'activité humaine se partage en deux tendances : l'activité physique ou des sens et l'activité intellectuelle et morale.

L'activité physique dérive de la perception extérieure; elle est accompagnée d'impressions sensibles. L'activité intellectuelle ne s'associe pas nécessairement à des sensations, et n'est pas toujours accompagnée d'impressions physiques.

125. — En quoi la sensibilité morale diffère-t-elle de la sensation?

La sensation est le résultat de l'exercice des

sens; le sentiment provient d'une sensation qui n'est pas seulement une connaissance, mais une émotion agréable ou désagréable. Ce sentiment est d'abord spontané, puis volontaire. L'inclination vers l'agréable se nomme *sensualité*.

126. — Comment doit-on cultiver les sensations?

Par la subordination des sens à la raison et de la raison à Dieu.

Par suite du péché originel, la sensualité a conquis l'empire sur l'homme, et les inclinations des sens sont prédominantes. L'homme doit donc discipliner sa sensualité par la tempérance et par l'empire sur soi-même, par les privations et par le support de ce qui est désagréable, surtout en se laissant diriger dans ses actes, non par les sensations agréables ou désagréables, mais par des mobiles plus élevés. On doit aussi apprendre à se rendre compte des motifs humains, en ce sens que l'on pèse les conséquences fâcheuses qui résultent de la satisfaction des jouissances sensuelles qu'on n'a pas su réprimer.

127. — Combien y a-t-il d'espèces de sentiments moraux?

Il y en a cinq:

1º Le sentiment de la sympathie et de la compassion;

2º Le sentiment du vrai ou l'amour de la vérité;

3º Le sentiment du beau ou sentiment esthétique;

4º Le sentiment du bien ou du juste, sentiment moral ou conscience;

5º Le sentiment religieux.

128. — Par quoi les sentiments sont-ils entravés dans leur développement?

1º Par une application trop précoce des facultés intellectuelles;

2° Par l'excès d'un travail purement mécanique;

3° Par une discipline inintelligente, par certains préjugés;

4° Par la surexcitation;

5° Par l'intempérance.

129.—Par quoi les sentiments sont-ils en général ennoblis?

1° Par les bons exemples de l'entourage du jeune homme;

2° Par la préservation de celui-ci de tout égoïsme ou amour de soi;

3° Par l'habitude de la crainte de Dieu;

4° Par la prière.

130. — Comment se révèle un noble cœur?

Par son ingénuité, sa sincérité, sa franchise, sa droiture, sa candeur, sa confiance, sa modestie, son abandon, sa bienveillance, son dévouement, son caractère ouvert et gai, qui sont tout autant de germes des vertus chrétiennes.

131.— Qu'entend-on par pitié et comment doit-on la cultiver?

On entend par pitié ou commisération la part que nous prenons aux joies et aux souffrances non seulement de l'homme, mais aussi des êtres dépourvus de raison. Les passages ci-après de l'Écriture sainte : *Faites donc aux hommes tout ce que vous voulez qu'ils vous fassent, car c'est là la loi et les prophètes* (Saint Matthieu, 7, 12); — *Soyez dans la joie avec ceux qui sont dans la joie, et pleurez avec ceux qui pleurent* (Saint Paul aux

Rom., 12, 15); — *Le juste se met en peine des bêtes qui sont à lui, mais les entrailles des méchants sont cruelles* (Proverbes, 12, 10), — démontrent suffisamment la nécessité de cultiver le sentiment de la pitié.

Il ne faut donc jamais tolérer que le jeune homme se montre cruel, soit envers ses semblables, soit envers les animaux; il ne doit jamais assister à une scène de cruauté; c'est pourquoi il faut éloigner les enfants des abattoirs. Il ne faut pas non plus permettre qu'on rie lorsqu'un enfant est puni pour une faute, ou lorsqu'il fait une chute ou un faux pas; bref, la malignité, la cruauté, l'envie, la vanité et la manie brutale de destruction doivent être énergiquement réprimées, et cela non pas avec les motifs tirés des considérations de la prudence humaine, en vue d'un applaudissement ou d'un profit passager, mais plutôt par des motifs religieux, qui seuls pénètrent au plus profond des cœurs; tous les autres moyens ne font que polir la surface.

132. — Qu'est-ce que le sentiment du vrai, et comment le développe-t-on?

C'est l'amour de la vérité et l'aversion pour le mensonge. La manifestation de ce sentiment est la véracité.

L'homme est né pour la vérité, bien qu'il soit enclin au mensonge depuis la chute originelle. L'homme non corrompu rougit, lorsqu'il sait qu'il a dit un mensonge, aussi longtemps que le sentiment de la honte n'est pas éteint en lui. Le mensonge est donc contraire à la nature de l'homme et indigne de lui. Le meilleur moyen de cultiver chez l'enfant le sentiment du vrai, c'est de flétrir fréquemment le mensonge.

133. — En quoi consiste le sentiment du beau, et comment doit-on le cultiver?

Le sentiment du beau ou le goût consiste dans l'attrait pour tout ce qui est beau, chaste, noble et pur, et dans un sentiment d'aversion pour tout ce qui est repoussant et vulgaire.

La culture du sentiment esthétique ne doit jamais être séparée de la culture du sentiment moral et religieux, sinon le jeune homme reçoit une éducation superficielle qui n'a qu'un léger vernis extérieur, mais pas de fondement solide. La lecture expressive, la calligraphie, le dessin, le chant, la poésie, comme aussi l'habitude de l'ordre et de la propreté : tels sont les moyens appropriés au développement et à la culture du sens esthétique.

134. — Qu'est-ce que le sentiment moral, et comment doit-on le cultiver?

Le sentiment moral ou ¹ conscience est la conviction intime de ce qui est juste ou injuste, conforme ou contraire à la sainte volonté de Dieu. La voix de la conscience est en quelque sorte législative et judiciaire. Avant l'acte, elle nous dit : *Tu dois faire cela* ou *tu ne dois pas faire cela.* Après l'acte consommé elle nous crie: *C'était juste* ou *c'était injuste.*

La conscience n'est point chez l'enfant un juge inné, parfait et en tous temps infaillible, mais une disposition qui doit être cultivée et qui ne peut se dévelo,. r que par la vie, l'action. Il suit de là que chez les différents peuples et avec la diversité de religion, la conscience humaine est aussi très diverse dans ses jugements, de sorte que la conscience d'un turc ou d'un païen approuve ce que la conscience d'un chrétien abhorre. Voilà pourquoi c'est une absurdité de vouloir prétendre que la conscience ne vient pas de la croyance, mais de l'acte; car il est évident que les actes procèdent de la foi et en portent l'empreinte. Chez les enfants, les premières appréciations sur le bien ou le mal moral, les premiers actes de conscience se dirigent d'après la conscience des parents, des instituteurs et des éducateurs. Si donc un instituteur assimile une faute contre le bon ton et les convenances extérieures à la violation des commandements de Dieu, il arrive infailliblement que l'enfant agit de même, et qu'il est aussi troublé par l'une que par l'autre. On mettra donc l'enfant en garde contre la société des gens corrompus, contre la vue de mauvais exemples, d'images obscènes, de mauvais livres. On lui fera reconnaître la voix de Dieu dans les avertissements de la conscience, et l'on s'appliquera à lui montrer par des récits et des passsages de l'Écriture sainte, quelle félicité règne dans une bonne conscience, et quels tourments dans une conscience mauvaise.

135. — En quoi consiste le sentiment religieux, et comment doit-on le cultiver ?

Le sentiment religieux est, après la grâce, le plus beau et le plus noble présent du ciel; il consiste dans le respect, la crainte, l'amour de Dieu et la confiance en lui, source première de tout ce qui est vrai, bon et beau. L'instituteur ne doit jamais blesser ce sentiment dans l'enfant, et ce n'est pas dans l'instruction religieuse seulement, mais dans tous les objets d'enseignement et déjà dès l'âge le plus tendre, qu'il doit chercher à le cultiver et à le développer.

L'éducation chrétienne ne dédaigne et ne déprécie nullement les connaissances nécessaires pour la vie présente et les aptitudes qui en dépendent, non plus que la culture et le développement des facultés intellectuelles, qui sont une image de Dieu; elle ne les entrave pas non plus, mais elle part de la conviction que la science et la puissance, sans le fondement de l'éducation religieuse, n'ont ni leur véritable valeur ni leur véritable direction, et n'offrent pas des garanties suffisantes pour la paix et pour la prospérité temporelle et éternelle de la société humaine. Elle tend seulement à ce que tout notre savoir et toute notre volonté reposent sur les fondements de la religion et de la morale, soient pénétrés de l'esprit chrétien et se maintiennent dans la véritable voie; elle veut qu'en dehors du but terrestre auquel tend l'instruction, on vise encore un autre but plus élevé en Dieu, et que l'homme poursuive le premier do ces buts de manière à se rapprocher en même temps du second. Ainsi celui-là seul peut être un véritable éducateur, qui est pénétré et embrasé de l'esprit de Jésus-Christ. L'instituteur inspirera donc à ses élèves une profonde vénération pour tout ce qui est saint et respectable; il les pénétrera de respect pour les supérieurs et pour la vieillesse; il les exhortera à la pratique de la dévotion en famille et à la fréquentation du culte public, les mettra en garde contre ces prétendues pratiques pieuses où l'on ne recherche que sa satisfaction personnelle en négligeant ses devoirs professionnels. Il faut d'abord pratiquer ce qui est d'obligation, puis, si le temps et les circonstances le permettent, les dévotions particulières.

II. *De la volonté et des affections.*

136. — Qu'entend-on par la faculté de vouloir?

C'est la faculté de tendre à une chose suivant la connaissance ou l'impression que nous en avons, de rechercher le bien comme fin de nos actes.

137. — Combien y a-t-il d'espèces de volontés?

Il y a deux espèces de volontés : la volonté sensible ou l'appétit inférieur, et la volonté raisonnable, suivant qu'elle désire quelque bien sensible ou une fin raisonnable.

Un désir provenant seulement de l'impulsion intérieure de la nature humaine s'appelle un appétit ou penchant naturel. Chez les animaux, il se nomme instinct. Le même désir souvent renouvelé s'appelle une inclination; si celle-ci est vive, une propension; si elle émeut au plus haut degré, une passion. La convoitise, la concupiscence charnelle et l'orgueil sont les trois passions capitales de l'âme humaine, d'où naissent toutes les autres.

138. — Qu'y a-t-il à observer au sujet des penchants?

Ils ne sont pas nuisibles en eux-mêmes, mais nécessaires pour la conservation et le développement de l'organisme et la formation intellectuelle. On ne doit pas les étouffer, mais les diriger, les préserver des écarts et les ennoblir. Chez les enfants, les penchants se manifestent dans la direction *égoïste* (conservation de l'être, amour du bien-être), dans la direction *sympathique* (amour des proches, des semblables), dans la direction *supérieure* (amour du vrai, du beau, désir de connaître, instinct d'imitation, etc.).

139. — Quelle est la chose la plus essentielle en éducation?

C'est l'ennoblissement de la volonté humaine. Toutes les clartés de l'intelligence, toute la vivacité des sentiments, toute la distinction et la finesse de la culture extérieure n'ont que peu ou point de valeur si les qualités morales ou du cœur ne leur sont pas réunies; toute autre culture, si celle-là manque, est plus nuisible qu'utile.

140. — Pourquoi l'éducateur doit-il s'appliquer à cultiver et à ennoblir la volonté du jeune homme?

L'homme, depuis la chute originelle, est souvent en contradiction avec sa raison et avec ses meilleurs sentiments, malgré la claire vision du bien et du mal; ainsi la culture et le développement des facultés intellectuelles et morales ne sont pas à eux seuls des moyens suffisants. L'autorité doit encore intervenir directement pour prescrire, pour imposer formellement à l'élève ce qui est bien, pour lui défendre rigoureusement le mal, pour le stimuler par des récompenses à l'observation de la loi, et pour le mettre en garde par des châtiments contre sa violation.

141. — D'où la loi tire-t-elle son prestige et sa force?

1° De l'exemple vivant de l'éducateur, qui tient la place de la loi et en représente l'autorité;

2° Du caractère formateur de la parole de l'instituteur : au jeune homme il faut commander et défendre, toutefois avec prudence et circonspection;

3° De la persévérance; rien n'affaiblit autant la loi, rien ne nuit autant au prestige de l'instituteur, que le défaut de fermeté et l'arbitraire capricieux.

C'est aussi à l'instituteur que peuvent s'appliquer dans une certaine mesure ces paroles du divin Maître : *Tu es un roc, et sur ce roc je veux édifier mon école.* L'instituteur ne doit pas être un faible roseau flottant à tout vent.

142. — Quels sont les principes à observer dans l'application des peines et des récompenses?

1° Que le plus grand châtiment soit pour l'enfant la pensée de déplaire à Dieu et de mécontenter l'instituteur; la plus grande récompense, la pensée de plaire à Dieu et de satisfaire l'instituteur : c'est là proprement le but final de toute éducation;

2° Que la récompense n'ait pas pour résultat d'encourager un défaut, un vice, et la punition de réprimer une qualité, une vertu.

Permettre quelque chose d'illicite pour récompenser un acte licite, c'est une contradiction où ne peut tomber que la tendresse aveugle de parents trop faibles. On ne punit que pour déshabituer d'un défaut ou d'un vice, mais non pour obtenir une chose à laquelle l'enfant doit s'habituer. C'est donc une faute aussi de prescrire certains actes de dévotion à titre de punition.

3º Plus un élève est souvent puni ou récompensé, plus une punition ou une récompense est souvent appliquée, d'autant moins efficace est son résultat. Des punitions fréquentes révèlent souvent un instituteur mauvais ou médiocre.

4º Aucune punition injuste ne doit être infligée, aucune récompense imméritée ne doit être décernée. Qu'on soit, au contraire, juste et impartial envers tous les enfants. Il n'y a que les fautes volontaires, bien déterminées et non douteuses qui, dans la règle, méritent une répression.

L'enfant doit avoir agi de son plein gré, librement; il faut donc traiter avec circonspection certains défauts de nature, certains actes qui n'ont que l'apparence du mal et certaines manifestations du tempérament. Ce n'est pas l'action en elle-même qui doit déterminer la punition ou la récompense à donner, mais le motif qui l'a inspirée. Ceci s'applique en particulier aux enfants qui ont certaines infirmités pendant le sommeil. Le régime de ces enfants exige une attention et une sollicitude spéciales.

5º La punition doit être plutôt douce que trop sévère.

La compassion des condisciples pour celui qui est puni ne doit pas dépasser l'estime et l'affection qu'ils doivent à l'instituteur. Celui qui est trop rigoureusement juste excède facilement, et celui qui est trop minutieux s'aliène les cœurs. Il est très utile dans certains cas d'inviter l'élève lui-même à déterminer la punition qu'il mérite. On recommande aussi de ne pas punir un élève qui vient avouer spontanément sa faute, si toutefois cette faute ne se répète pas trop fréquemment.

La crainte du châtiment ne rend pas meilleur, mais plus rusé; elle dissimule le mal, mais ne le réprime pas. La maladie et la misère ne détournent pas les pécheurs d'habitude de retomber dans leurs fautes. N'a-t-on pas vu commettre hardiment des vols en face de l'échafaud? Héli fut un bon éducateur pour Samuel, mais non pour ses propres fils, parce que le premier vivait vertueusement, tandis que les autres étaient des scélérats. Moïse et Jésus-Christ doivent donc être placés l'un à côté de l'autre dans l'école.

6° Les récompenses et les châtiments doivent être naturels là où cela se peut, c'est-à-dire doivent ressortir de l'acte lui-même de l'enfant. L'écolier en défaut doit supporter les suites naturelles de ses fautes, si elles ne sont pas nuisibles.

L'enfant querelleur est isolé; on ne confie rien à celui qui est négligent; à l'écolier babillard et indiscret on ne révélera rien; le bavard est relégué à l'écart; le gourmand et le glouton sont obligés de jeûner; le menteur sera tenu de prouver par témoins toutes ses affirmations, et le paresseux astreint à répéter sa leçon.

7° On tiendra compte de l'individualité de l'enfant, de sa constitution, de son âge, de son tempérament, de son caractère, de son régime précédent, de ses parents et de ses proches.

Il n'y a aucun moment plus important que celui qui suit immédiatement la punition, à cause de l'impression qu'elle produit. On laisse à l'enfant le temps de sécher ses larmes, et l'on n'exige pas qu'il comprime brusquement son chagrin. Ensuite, si l'on ne connaît pas encore son caractère, on lui donne d'un air calme et tranquille une commission à faire et on l'observe.

8° L'éloge est un poison, même pour les meilleures natures.

Au lieu d'éloges, on doit partout exprimer une simple approbation, un témoignage d'assentiment,

de satisfaction, et cela par le regard, la physionomie, les gestes, plutôt qu'en paroles.

L'enfant doit éprouver et remarquer la satisfaction du
maître plutôt que de l'entendre exprimer. D'après l'attitude du maître, il doit pouvoir se dire : Meilleur je suis,
mieux je fais, plus aussi le maître a de satisfaction avec
moi. Si le maître exprime des éloges, qu'il ne soit pas pro-
digue, mais bref. Souvent un seul mot, comme par exemple : bien, bon, bien réussi, agit plus efficacement qu'un long
discours.

9° Le blâme est d'autant plus efficace que le
maître est plus aimé, plus estimé, et qu'il parle
moins. Pour les caractères fiers et vaniteux, c'est
la plus grave punition. Le blâme doit être ex-
primé brièvement et ne pas tourner au sermon.
Plus les instituteurs sont faibles de caractère,
plus ils sont enclins, comme les mères trop ten-
dres, à de semblables admonitions.

On évitera tout au moins de se lamenter sur la perversité
des enfants, et de rappeler le chagrin qu'ils causent à leur
bon maître. Des appels à la commisération des enfants
manquent totalement leur but. Le faible ne respecte que la
force. Le blâme ne doit pas blesser le sentiment d'amour-
propre ; au contraire, il doit constater ce sentiment avec
les bons résultats obtenus. Là où le maître gronde à tort
et à travers en s'adressant à l'ensemble de l'école, il n'obtient que l'affaiblissement du sentiment du respect au lieu
de le relever. Les innocents sont englobés avec les coupables ; ces derniers sont indifférents au blâme qu'ils ont
encouru, tandis que les premiers sont blessés par ce blâme
immérité, et ils conçoivent des doutes sur l'impartialité, la
justice et la perspicacité de leur instituteur. Celui-ci peut
aussi affaiblir le sentiment de l'honneur chez les enfants
s'il joue le rôle d'un prophète de malheur et leur prédit
qu'ils seront des membres inutiles de la société humaine,
qu'ils finiront par mal tourner et par devenir des men-
diants, des voleurs, etc. Là, au contraire, où le maître s'applique au moment opportun et de la manière la plus con-

venable à éveiller et à fortifier le sentiment de l'honneur chez le jeune homme, il obtiendra cette joyeuse ardeur pour l'étude qui rend tout facile, même ce qui paraît impossible.

Un blâme sévère s'appelle une réprimande, une censure. Ce blâme se manifeste par un coup d'œil mécontent, sévère, ou par des paroles graves en particulier ou en public, avec ou sans humiliation. En cas de récidive, la menace s'ajoute au blâme; à cette occasion l'enfant doit remarquer qu'il en coûte à celui qui menace d'en venir à l'exécution. La menace doit aussi suivre une gradation : humiliation, inscription de mauvaises notes, billet d'arrêts domestiques, privation de la liberté, station, seul, debout, pensum, isolement des autres élèves, etc. Pour les fautes plus graves, il est cependant à propos de franchir ces degrés et de faire sentir dès la première faute à ces caractères opiniâtres qu'on est le supérieur et le maître. Mais il ne faut jamais faire usage de la prison, car jamais l'enfant ne doit être laissé seul et sans surveillance.

Il suit de ce qui précède que la gravité unie à l'affection qui sait attirer aussi bien que tenir à distance est un moyen très important d'éducation. Une trop grande sévérité émousse l'esprit, affaiblit le sentiment de l'amour-propre et rend l'instituteur odieux. C'est pourquoi il faut éviter surtout les punitions qui portent le cachet de la grossièreté, de la vulgarité, de la cruauté, de la brutalité, du raffinement même, comme par exemple de frapper brutalement à tort et à travers, d'arracher les cheveux, de déchirer les oreilles, de donner des coups sur la tête, à la figure, de donner des coups de pieds, etc. Il est particulièrement odieux et révoltant de voir un maître, à l'occasion d'une punition, railler un enfant sur une difformité corporelle, et donner par là occasion aux autres élèves de railler leur condisciple. Bref, la vie de famille est par excellence l'école de l'obéissance fondée sur l'amour et la confiance. Plus l'école ressemblera à la famille, mieux elle remplira sa mission, qui est d'améliorer et d'épurer les caractères.

143. — Comment peut-on prévenir les punitions ou les rendre rares ?

1° Le maître sera tellement vigilant que rien

de ce qui se passe en classe n'échappera à son attention. Son regard doit dominer la classe entière.

2° Il sera très bref et très sobre dans ses avertissements et dans ses admonitions, plus encore dans ses menaces. La passion fait plus de menaces que la raison n'en pourrait accomplir en cas de nécessité.

3° Il ne commencera pas ses leçons avant qu'on ait mis de côté tout ce qui peut distraire l'attention de l'enfant.

4° Il s'appliquera à suivre une méthode qui stimule l'initiative, et prévienne chez les enfants beaucoup de fautes de paresse, de distraction, d'inattention, de légèreté, de désobéissance.

5° Dans les exercices de mémoire, il n'exigera pas trop rigoureusement, là où cela n'est pas nécessaire, un mot à mot littéral, et il ne surchargera pas la mémoire.

6° Il s'appliquera à exciter et à entretenir chez les enfants l'émulation, tant dans la conduite que dans l'étude.

7° Ce n'est pas procéder d'une manière pédagogique que de vouloir contraindre un enfant à faire une chose au premier moment de son émotion, ou de lui arracher un aveu alors que, hors de lui-même, il ne trouve pas un seul mot de réponse. L'enfant ne peut pas toujours étouffer à l'instant des émotions naturelles et souvent légitimes.

8° Le maître n'exigera pas l'impossible, ce qu'aucun homme n'est en état de réaliser, c'est-à-dire une attention soutenue, un zèle toujours persistant, une docilité toujours égale, une facilité perpétuelle à concevoir et à réfléchir, et une humeur toujours également bien disposée.

144. — Quels moyens peut-on employer pour l'ennoblissement de la volonté ?

Ce sont les bonnes habitudes et le traitement des infirmités morales.

Il ne suffit pas que la volonté de l'homme soit déterminée vers le bien par la loi, il faut aussi la fortifier dans cette direction, afin qu'elle persévère; c'est ce qui se fait par l'*habitude*. Habileté et habitude convergent donc à ce but commun d'exiger une activité incessante vers certains résultats. Toutes deux tendent à une certaine facilité, l'exercice dans les actes physiques, l'habitude dans les actes de la vie morale. L'exercice est l'objet d'un dressage, l'habitude celui de la discipline.

La pratique de l'habitude est nécessaire, car les motifs d'après lesquels tel acte est un devoir ne peuvent pas encore être clairement démontrés. Le devoir de faire telle ou telle chose sera d'autant plus agréable, que l'enfant y trouvera sa satisfaction par l'habitude de l'empire sur soi-même.

L'habitude s'ensuivra d'autant plus sûrement et plus facilement, elle se pratiquera d'autant plus joyeusement et plus fermement, que le sentiment de la subordination, de l'estime et de l'affection sera plus profondément enraciné. Ce sentiment est ce qui rend le joug agréable et le fardeau léger. La leçon germera non seulement dans un terrain fécond et bien préparé, mais elle y gagnera en efficacité, en adhésion intérieure, si elle est d'accord avec l'exemple de l'éducateur. Ce n'est que par l'exemple qu'elle agira irrésistiblement sur la jeunesse et l'armera contre le soupçon d'agir dans des vues égoïstes.

La perversité consiste en ce que l'homme se détourne si facilement de Dieu pour s'égarer vers les choses de la terre. Il y a en lui l'amour de soi (l'égoïsme), avec ses deux ramifications, la sensualité et la vanité. Suivant qu'il se rattache à l'une ou à l'autre de ces directions, il se présente à nous comme l'esclave des jouissances sensuelles, ou comme un esprit séparé de Dieu dans l'admiration insensée de soi-même. C'est donc la tâche du chrétien de combattre l'amour de soi, c'est-à-dire de subordonner les sens à l'esprit et celui-ci à Dieu. C'est la pratique du renoncement chrétien qui est l'acte le plus noble, le plus élevé de la volonté humaine. Il comprend deux parties, savoir : la subordination des sens et de la sensualité à l'esprit, et la subordination de l'esprit à Dieu. On doit commencer de bonne heure à pratiquer le renoncement chrétien, afin qu'il puisse devenir l'occupation non interrompue de la vie entière, car la vie de l'homme sur la terre est un combat continuel.

145. — A quelles vertus doit-on habituer les enfants ?

On doit les habituer à l'obéissance, au respect, au renoncement, à l'ordre, à la pudeur, à la tempérance, à l'économie, à la franchise, à la sincérité, à la véracité, à la condescendance, à l'obligeance, à la politesse, à la loyauté, à la probité, à la modestie et à l'humilité.

Toutes ces vertus doivent, en général, devenir une habitude par l'exemple et par l'exercice.

146. — Qu'est-ce que l'obéissance, et comment faut-il la cultiver spécialement ?

L'obéissance est la soumission à l'autorité. L'enfant doit apprendre à obéir vite, ponctuellement et volontiers. L'obéissance vraie, absolue, n'admet point d'objection; de plus, il y a une obéissance raisonnée, c'est-à-dire basée sur une conviction : c'est l'estime de l'autorité.

On habituera facilement l'enfant à l'obéissance, si l'on ne commande que peu à la fois, et seulement ce qui est équitable, et si on l'ordonne d'une manière qui n'a rien de décourageant ; si l'on évite le caprice et l'arbitraire ; si l'ordre donné est proportionné aux forces de l'enfant ; si l'on tient ferme à ce qui a été une fois commandé ; si l'on n'exhorte pas à la docilité par des présents, mais par l'expression de son contentement et en réclamant l'obéissance comme un acte agréable à Dieu.

147. — Qu'est-ce que le respect, et comment doit-il être pratiqué ?

Le respect est l'aveu de la supériorité, qui se manifeste par notre attitude extérieure. Le maître le démontre par la déférence envers ses supérieurs, en parlant d'autrui avec une réserve affectueuse, excusant les petits défauts de son prochain dans l'occasion, et en se montrant circonspect dans le blâme.

La chose essentielle en ceci, c'est d'inspirer un profond sentiment de respect envers Dieu. De belles et édifiantes histoires racontées comme exemples contribuent aussi à cultiver ce sentiment.

148. — Qu'est-ce que le renoncement, et comment doit-on l'exercer ?

Le renoncement ou l'abnégation de soi-même consiste à se mortifier dans les choses permises et agréables, ou à entreprendre des choses pénibles pour obtenir la domination sur la sensualité et sur soi-mê. .e. Il y a aussi abnégation quand on évite le péché.

On dirige les enfants vers cette vertu en leur plaçant devant les yeux l'exemple de Jésus-Christ, qui a quitté sa gloire par amour pour nous et recommandé de l'imiter dans sa vie mortifiée. Mais celui qui malgré ce divin exemple ne se renonce pas plus souvent, celui-là affaiblit son âme et ne pourra triompher dans les combats contre les mauvais penchants.

149. — Qu'est-ce que l'ordre, et comment doit-on s'y habituer?

Il y a de l'ordre là où chaque chose est à sa véritable place, se fait en son temps et de la manière convenable. L'ordre est la moitié du travail.

Celui qui va sans ordre à l'ouvrage et qui se met à l'œuvre en entreprenant tantôt un ouvrage, tantôt un autre, celui-là finit rarement. Du reste, l'ordre dans l'occupation apporte aussi l'ordre dans l'esprit; c'est pourquoi il faut assigner aux enfants un temps déterminé pour le manger, le boire, le dormir, le lever, la prière, l'école; mais il faut aussi qu'ils soient tenus d'avoir pour chaque chose une place déterminée, à ne pas commencer un autre travail avant que le premier soit achevé, et à faire tout au temps prescrit. Un ancien proverbe dit : « Observe l'ordre, mets-le en pratique, il t'épargnera le temps et la peine. »

150. — Qu'est-ce que la pudeur, et comment faut-il y habituer les enfants ?

La pudeur est un sentiment délicat de répulsion pour tout ce qui est contraire à la décence ; elle est l'ange gardien de l'innocence. Il est tout aussi dangereux de parler trop peu de la chasteté que d'en trop parler.

D'après Overberg, on peut s'exprimer à peu près ainsi : « Lorsque vous êtes seul, ne vous permettez jamais rien dont vous rougiriez de faire l'aveu à vos parents ou dont vous hésiteriez à déclarer le motif ou la conséquence. — Dieu vous voit. — Dieu est auprès de vous. — Dieu veille sur vous. — Dieu connaît vos pensées et vos actions, et dans sa sainte présence on doit sans doute avoir une grande honte de faire ou de penser des choses qui ne soient pas décentes. En outre, votre ange gardien est à vos côtés et vous observe; que pensera-t-il en vous voyant vous livrer à des actes inconvenants, coupables? »

151. — Qu'est-ce que la tempérance, et comment peut-on en inspirer l'habitude?

La tempérance est la facilité de se contenter de peu et d'avoir peu de besoins.

On peut dire aux enfants que le plus pauvre est aussi le débiteur de Dieu, et qu'il doit être content de ce que Dieu lui donne. Aucun n'a le droit d'exiger quelque chose de lui; tout, même la moindre chose, est un présent de Dieu, un acte de sa gratuite libéralité. Chacun a reçu quelque chose, et tout juste autant que cela lui est utile et salutaire. Celui qui a beaucoup reçu, qui veut toujours avoir davantage, est toujours plus pauvre que celui qui a peu reçu et qui s'en contente. Il y a aussi de ces enfants qui regardent avec un œil de convoitise ce qu'ont les autres, qui s'irritent de ne pas l'avoir et qui ne souhaitent jamais de bien à personne. L'instituteur montre à ces enfants comment ils se tourmentent eux-mêmes, se rendent la vie amère et se privent de beaucoup de jouissances. La pensée de la pauvreté de Jésus-Christ rend ici un grand service. (*Tim.*, 6, 7.)

152. — Qu'est-ce que l'économie, et comment peut-on en inspirer l'habitude ?

L'économie est le juste milieu entre l'avarice et la prodigalité ; elle provient d'une juste appréciation de ce que nous possédons. Avec toute l'économie nécessaire, un homme peut être généreux et charitable, tandis qu'avec toute sa prodigalité un autre peut se montrer dur et mesquin. L'homme économe est celui qui met de côté ce dont il peut facilement se passer, afin de se procurer le moyen d'aider les autres et de s'aider soi-même dans le besoin.

Avant tout il faut que cela devienne chez les enfants une pensée familière, que tout ce qu'ils possèdent et ont à leur usage leur a été confié par leurs parents dans un but déterminé, et que les parents eux-mêmes ont dû l'acheter. Ils doivent en user avec soin et précaution, le conserver précieusement, afin que rien ne se perde et ne se gâte inutilement, et de même pour tout ce qu'ils emploient en classe, depuis le crayon jusqu'au livre le plus coûteux.

153. — Comment développe-t-on chez les enfants la franchise, la sincérité, la véracité ?

On aborde les enfants avec un air ouvert et affable, respirant un esprit de vraie piété; on leur fait apprendre par expérience que ce n'est pas le châtiment que l'on a en vue, mais leur amélioration.

On tolère ainsi une certaine liberté d'allure et de langage, mais on veille à ce que le premier mensonge ne réussisse pas; on ne demande pas l'aveu d'une faute avant de s'être assuré que la faute a été réellement commise, et l'on cite l'exemple du divin Sauveur, qui se laissait outrager sur les grands chemins, flageller, couronner d'épines et mettre en croix, plutôt que de répondre négativement aux questions du grand prêtre.

154. — Comment développe-t-on chez les enfants la sociabilité, la condescendance, les égards ?

Ces vertus sont les fruits de la douceur. L'enfant doit supporter les défauts d'autrui, et apprendre à pardonner aussi longtemps que cela peut se faire sans violer un devoir supérieur. Il sera condescendant suivant la mesure où il sera pénétré d'un véritable amour du prochain, animé du sentiment de ses propres misères, de ses faiblesses, et de condescendance aux vues d'autrui.

On habituera donc les enfants à l'obéissance; on leur apprendra à aimer et à estimer leurs condisciples; on ne tolérera pas qu'ils se comportent entre eux d'une manière dure et impérieuse; ils deviendront ainsi d'eux-mêmes sociables, communicatifs et circonspects. On met en relations des en-

fants insupportables et boudeurs avec d'autres enfants ai-
mables. Si ce moyen ne réussit pas, on les isole.

**155. — Comment exerce-t-on les enfants à l'obli-
geance, à la sympathie, à la politesse ?**

En appelant constamment leur attention sur
leurs devoirs envers le prochain.

Qu'adviendrait-il de la société humaine si ces vertus n'é-
taient éveillées et entretenues déjà dès la jeunesse? Elles
adoucissent le fardeau des peines et des misères de la vie.
On n'éloignera donc pas à dessein de l'enfant le spectacle
de la misère humaine; on ne l'empêchera pas de partager son
pain avec celui qui a faim, ni de se faire une petite épargne;
on tolérera même, là où les circonstances s'y prêteront,
qu'il participe à une partie de plaisir, qu'il goûte le
bonheur de la bienfaisance; on sympathisera avec ces di-
vertissements; on manifestera même son adhésion par une
surprise généreuse.

Le maître exerce les enfants à la politesse en leur faisant
comprendre comment ils doivent observer les bienséances
dans le parler, le silence, l'arrivée et le départ, la manière de
se tenir debout ou assis, l'acceptation ou le refus, les questions
et les réponses, par la modestie dans la conversation, l'attitude et le geste; par la conduite affable et modeste envers les
grandes personnes. Des infractions grossières contre la politesse, la déférence à l'égard des supérieurs, des parents,
des amis, doivent être immédiatement réprimées d'une
manière énergique.

**156. — Comment habitue-t-on les enfants à la
probité ?**

En leur inspirant ce sentiment que toute
action malhonnête est un péché; en combattant
chez eux la vanité, la cupidité, la gourmandise,
l'envie, c'est-à-dire autant de causes d'impro-
bité.

On les oblige rigoureusement à réparer, à restituer, à in-
demniser, mais l'éducateur se gardera d'agir sur un simple

soupçon à l'égard de l'enfant; il procédera avec circonspection, pour sauvegarder l'honneur de l'élève.

157. — Comment habitue-t-on les enfants à la modestie et à l'humilité ?

En leur répétant souvent que tout ce que nous sommes, tout ce que nous avons, nous le devons à la grâce du bon Dieu, et que personne n'a de raison de s'enorgueillir de ce qu'il possède en dépôt et de s'élever au-dessus de son prochain.

On rappellera aussi aux enfants qu'ils sont trop inexpérimentés pour dire quelque chose sur les autres, et que celui qui sait tout nous jugera comme nous aurons jugé les autres.

158. — Comment habitue-t-on les enfants à penser et à agir selon la justice ?

On leur grave souvent dans le cœur cette maxime de Tobie : *Fais aux autres ce que tu voudrais qu'il te fût fait à toi-même;* et le précepte de Jésus-Christ : *Tout ce que vous voulez que les hommes vous fassent, faites-le aux autres.* On doit aussi leur demander dans l'occasion si d'autres ont bien ou mal agi en telle occurrence, et comment ils jugeraient qu'on aurait dû les traiter eux-mêmes.

Celui qui aura bien compris tout ce qui a été dit sur la culture des dispositions physiques et intellectuelles, peut se passer d'un guide spécial pour le traitement des défauts de la jeunesse. Mais c'est le mensonge surtout qui doit être visé ici spécialement : il n'y a aucun penchant aussi généralement répandu chez l'homme que l'inclination au mensonge et à la dissimulation, car une foule de choses difficiles paraissent ainsi aplanies. Les sources du mensonge sont : la crainte, l'étourderie, l'irréflexion, la fausse honte et le mauvais exemple. Voici les règles de conduite que doit suivre le maître à l'égard des enfants menteurs. Il cherche à connaître le mensonge dans tous ses détails et dans toute son étendue; il s'applique aussi à découvrir la source du mensonge, à l'étouffer; il traite l'enfant d'une manière ouverte et ne se permet jamais de chercher par un mensonge à découvrir un mensonge; il dévoile dans sa nudité le menteur orgueilleux et fanfaron; il traite avec douceur celui qui a menti par honte et par crainte; il humilie le menteur bavard, étourdi et distrait; il le fait taire quand d'autres doivent parler; il avertit sérieusement le menteur qui invente, pour lui faire discerner entre la réalité et les inventions de l'imagination, lui faire écrire ses dispositions s'il veut qu'on ait confiance en lui, et quant à celui chez qui le mensonge est devenu une habitude invétérée, il le traite comme un malade, à qui il faut un tuteur dont le témoignage inspire seul de la confiance.

159. — Comment donne-t-on aux enfants des habitudes mauvaises au lieu de les en préserver?

Par l'application des principes opposés à l'éducation véritable.

Salzmann formule, dans son *Petit Livre des écrevisses,* où il indique aux parents le moyen de mal élever leurs enfants, les dix préceptes suivants, qu'il appelle ironiquement des moyens d'éducation :

1° Moyens de rendre les enfants insensibles aux bonnes leçons : Prêchez-leur sans cesse et à satiété leurs devoirs.

2° Moyens de se rendre méprisables aux yeux des enfants : Faites-leur connaître vos défauts, commandez beaucoup sans vous assurer si vos ordres sont observés, menacez toujours sans accomplir votre menace.

3° Moyens de rendre les enfants égoïstes et volontaires : Faites tout ce qu'ils demandent.

4° Moyens de rendre les enfants gourmands: Ne leur refusez aucune de leurs convoitises; dépeignez-leur les friandises comme délicieuses; donnez-leur de l'argent sans rechercher comment ils l'emploient.

5° Moyens d'inspirer de bonne heure de la haine à des enfants contre d'autres enfants : Refusez toute affection à l'un, accordez-la tout entière à un autre; punissez l'un, récompensez l'autre et donnez raison à celui qui a tort.

6° Moyens de se faire haïr des enfants : Moquez-vous d'eux, rendez-les ridicules, faites-leur subir une injustice; refusez-leur un plaisir innocent; ne prenez aucune part à leur joie.

7° Moyens de rendre les enfants défiants envers vous: Trompez-les souvent, dupez-les toujours; ne tenez pas vos promesses.

8° Moyens de rendre les enfants joyeux du mal qui arrive : Amenez-les au point de s'aigrir du bonheur d'autrui, ils en viendront sûrement à se réjouir du mal qui arrive à leurs semblables.

9° Moyens d'apprendre aux enfants la cruauté: Faites-leur goûter de bonne heure un plaisir dans les souffrances et les tourments d'une créature innocente.

10° Moyens de rendre les enfants vindicatifs : Donnez-leur, toutes les fois qu'ils sont de mauvaise humeur, quelque chose sur quoi ils puissent décharger leur ressentiment; si un enfant est offensé, qu'on lui représente l'offense comme si grande, qu'il n'ait pas de repos avant d'avoir assouvi sa vengeance.

Voilà des errements en éducation que les instituteurs doivent sérieusement prévenir, avant que les premières fautes ne conduisent pas à pas aux conséquences extrêmes.

160. — Quelle influence exerce le tempérament sur le développement des facultés de l'enfant?

Le tempérament ou l'individualité de l'enfant peut exercer une influence tantôt bonne, tantôt désavantageuse sur le développement des facultés de l'enfant. On dit à cause de cela : des *qualités et des défauts du tempérament*. Les défauts du tempérament doivent être traités avec prudence et circonspection, mais sans faiblesse. Les qualités du tempérament doivent être mises à profit pour le perfectionnement moral, mais on ne leur attribuera aucun mérite moral en soi.

161. — Combien y a-t-il d'espèces de tempéraments ?

Les différents caractères, reposant sur la constitution physique, sont diversifiés à l'infini; mais on peut les ranger en quatre classes :

Les tempéraments sanguin, nerveux, lymphatique et bilieux : les deux premiers avec une irritabilité plus prompte, les deux derniers avec une sensibilité plus lente. Le sanguin est l'opposé du bilieux, le nerveux du lymphatique. Le premier a le sang léger, le deuxième le sang lourd, le troisième le sang chaud, le quatrième le sang froid.

L'influence des tempéraments peut être à peu près exprimée comme suit :

Chez le sanguin, toutes les impressions et les sensations agissent promptement, rapidement, mais l'effet est passager; de là le caractère léger, joyeux, versatile, fantasque, superficiel. Une décision est vite prise, une promesse sitôt faite, sitôt oubliée; il se repent vite d'une chose, mais il va bientôt de l'avant; il entend volontiers des exhortations et des avertissements, mais en faisant mentalement allusion à d'autres; il est avide d'apprendre, mais oublieux; serviable là où il n'y a pas beaucoup d'exigences, il est aussi facile à dominer.

Chez le bilieux, l'irritabilité se montre difficilement; de là la ténacité, la gravité, la réflexion profonde, le penchant à la mélancolie sombre et à la misanthropie. Il est soucieux, prévoyant, défiant; il apprend et conçoit difficilement, mais retient d'autant plus longtemps; il est sévère envers lui-même comme envers les autres; il est plus volontiers seul et concentré en lui-même, que disposé à rechercher la société; il est peu expansif. Il aperçoit partout des causes d'appréhension, et ne voit que des difficultés.

Chez le nerveux, on remarque une grande susceptibilité avec des impressions profondes, des passions ardentes, une action prompte et vigoureuse. Il est échauffé, batailleur, et la résistance le rend encore plus excité, mais la condescendance l'adoucit et le réconcilie tout à fait; il est prompt, il aborde de front les difficultés, mais sans esprit de suite; il abandonne l'exécution à d'autres, car il pose volontiers en chef, et il est enclin à l'orgueil et à la domination; il aime la magnificence et l'éclat extérieur; il est magnanime, il pose en protecteur. La colère et les froissements surgissent le plus souvent, parce qu'il est en conflit avec chacun par ses prétentions, et qu'il ne peut tolérer autour de lui que des flatteurs et des gens serviles; mais il est capable aussi de grandes vertus.

Chez le lymphatique se manifeste une faible irritabilité avec des effets lents; de là résulte la paresse et la lenteur dans les fonctions intellectuelles et physiques, l'amour du repos et du sans-gêne. Il n'éprouve point d'émotions vives, mais il conçoit au contraire avec clarté et agit avec sang-froid. Rarement il a à se repentir d'une action, car il n'agit point par entraînement. Comme il ne se montre jamais exigeant dans ses relations sociales, il n'a pas de peine à obtenir que chacun se règle d'après ses convenances. Il ne connaît pas la susceptibilité, il est plein de condescendance, il aime la paix et se montre dévoué envers ses amis.

Mais ne perdons pas non plus de vue qu'on ne trouve chez aucun homme l'expression d'un tempérament pur et sans mélange, car les tempéraments se confondent et se diversifient les uns par les autres. Tel homme est plutôt colérique, tel autre plutôt flegmatique, etc.

IIe PARTIE

L'ENSEIGNEMENT

PRINCIPES GÉNÉRAUX[1]

---

162. — Qu'appelle-t-on instruire ?

Instruire, c'est former l'homme par la parole, c'est-à-dire l'aider à acquérir des notions ou des idées justes sur les choses. Instruire les enfants, c'est fournir méthodiquement à l'esprit, à mesure qu'il s'ouvre et s'éveille, le degré de connaissances et d'aptitudes nécessaires à chacun dans toutes les classes et toutes les carrières. L'instruction est le principal moyen de culture dans l'école populaire.

163. — Quels sont les divers buts de l'instruction ?

Il y en a deux, savoir : un but *formel* et un but *matériel*, qui sont inséparables ; car une culture purement formelle, sans des connaissances positives, est un non-sens et réciproquement. La culture formelle développe la capacité en général et les facultés intellectuelles, aptes à acquérir d'elles-mêmes des connaissances. La culture ma-

---

[1] Nous renvoyons, pour les développements plus étendus sur les méthodes et les procédés d'enseignement, au *Guide pratique* de M. le Recteur Horner. (Librairie Poussielgue frères.)

térielle a en vue d'acquérir certaines connaissances et certaines aptitudes déterminées.

164. — Qu'est-ce que l'art d'enseigner?

C'est la manière d'instruire ou d'agir méthodiquement sur l'esprit des enfants, afin qu'ils acquièrent les connaissances et les aptitudes indispensables au développement de chacun.

165. — Comment se divise-t-il?

En deux parties:

1° La partie générale ou didactique, qui pose les règles générales de l'enseignement, ainsi que l'organisation intérieure et extérieure de l'école;

2° La partie spéciale ou méthodique, qui applique les règles de l'enseignement aux diverses branches de l'instruction.

CHAPITRE I

ORGANISATION EXTÉRIEURE DE L'ÉCOLE

166. — Qu'est-ce qui fait partie de l'organisation extérieure de l'école?

Ce sont: la maison d'école, la salle d'école et l'ameublement scolaire.

167. — Qu'appelle-t-on d'abord école?

Le mot école signifie à peu près *loisir*, c'est-à-dire un certain temps déterminé, retranché aux travaux quotidiens ordinaires pour le consacrer à la culture de l'esprit.

168. — Qu'appelle-t-on école primaire?

C'est un établissement qui aide à préparer les enfants à devenir des hommes moraux et religieux d'après Jésus-Christ, notre divin modèle, et à leur enseigner les différentes connaissances et aptitudes dont chacun aura besoin dans la vie civile et religieuse.

169. — Qu'y a-t-il à observer à l'égard de la maison d'école ?

La maison d'école sera, autant que possible, bâtie sur une éminence, isolée et éloignée du bruit, avec une cour spacieuse comme place de récréation. Il doit y avoir aussi une fontaine à proximité. Les abords doivent être riants, les corridors et les escaliers larges et commodes. Les cabinets seront établis de telle sorte que la décence ne soit pas offensée, et que des émanations malsaines ne viennent pas se répandre dans la salle d'école. L'édifice scolaire ne doit pas être éloigné de l'église.

170. — Comment doit être disposée la salle d'école ?

Elle sera largement éclairée, avec une hauteur d'au moins trois à quatre mètres, et chaque enfant doit y avoir un espace de plus d'un mètre cube.

171. — Quels aménagements sont indispensables dans la salle d'école ?

A l'ameublement nécessaire appartiennent : 1° l'estrade et le pupitre de l'instituteur; 2° les bancs d'école; 3° le poêle; 4° l'horloge; 5° deux armoires; 6° deux tableaux noirs avec les accessoires; 7° les syllabaires, tableaux de lecture et cartes nécessaires; 8° un globe terrestre; 9° un compas, une équerre et une règle; 10° une éponge, de la craie et de l'encre; 11° le matériel d'école pour les enfants pauvres.

CHAPITRE II

ORGANISATION INTÉRIEURE DE L'ÉCOLE

172. — Qu'est-ce qui fait partie de l'organisation intérieure de l'école?

En général, la *discipline*, la *classification* et la *méthode*.

173. — Que faut-il entendre par discipline scolaire?

C'est l'application de toutes les mesures qui sont de nature à obtenir le maintien et le rétablissement de l'ordre, l'attention, la diligence, la docilité des enfants pendant les leçons.

Si, par exemple, dans une école, chaque enfant a une place déterminée pour lui et pour son matériel, et qu'il ne la quitte pas sans permission; si la manière d'entrer et de sortir, de se comporter en classe et hors de l'école, la position assise, la tenue de la plume ou du livre, se règlent sur un signe du maître; s'il y a ponctualité pour commencer et pour finir la classe ou la leçon; si l'ordre règne dans les questions et les réponses; bref si chaque chose est à sa place, se fait en son temps et de la manière la plus convenable, on dit: *Cette classe est disciplinée*, ou bien: *Il y règne de la discipline.*

On ne saurait croire combien le désordre dérobe de temps à l'étude, de forces à l'instituteur et de joies à l'élève. C'est pourquoi la discipline est avec la méthode le plus important moyen d'instruction; elle est même plus importante, car le meilleur instituteur au point de vue de la méthode obtient peu de résultats s'il ne sait pas maintenir la discipline, tandis qu'un instituteur médiocre peut, avec de la régularité, de la ponctualité et de l'ordre dans l'instruction et l'éducation, parvenir à former des élèves capables. Une école indisciplinée est le point de départ de toutes les fautes et de tous les désordres, une profanation du sanctuaire de l'étude.

174. — Comment doit être organisée la discipline ?

Elle doit être obligatoire et non facultative et arbitraire, éducative et non policière, naturelle et disposée de telle sorte que les élèves timorés et craintifs ne soient pas intimidés, que les élèves sensibles et délicats ne soient pas blessés, et que les élèves impolis, mal élevés, ne deviennent pas encore plus mauvais, mais que tous contribuent avec entrain au maintien de l'ordre.

175. — Quels sont les moyens d'obtenir et de maintenir une bonne discipline ?

Ce sont :

1° Avant tout la personnalité du maître, son extérieur.

Celui-ci acquiert de l'autorité par le bon exemple, l'aptitude à enseigner, le tact pédagogique, la gravité tempérée par la douceur et la patience. La justice, l'amour de l'ordre, l'esprit de suite et la vigilance doivent être ses guides assidus. L'un des premiers et des plus importants principes de la discipline, c'est d'être vigilant, presque défiant. L'œil du maître doit gouverner la classe entière. Le maître ne doit jamais présupposer que les élèves feront leur devoir sans qu'on le leur rappelle; même les meilleurs sont encore faibles, et c'est déjà assez qu'ils fassent ce qui est juste sitôt qu'ils y sont excités du dehors. Seulement, que dans la pensée de l'enfant il n'y ait point de défiance à l'égard du maître; l'enfant commet des fautes, il en commettra encore, par légèreté, par faiblesse. Que le maître veuille donc bien, pour obtenir une bonne discipline, se pénétrer invariablement et spécialement de ces trois maximes : *Restez calme à votre place, parlez peu et punissez rarement.*

2° L'appui des parents, des tuteurs et supérieurs, et le concours des élèves comme surveillants, aides et moniteurs.

Aux aides et aux moniteurs on ne confie du reste que les répétitions et les exercices, jamais les leçons proprement dites; on ne doit jamais non plus leur déléguer le pouvoir de punir.

3° L'exercice et l'habitude, les récompenses et les punitions [1];

4° Le contrôle des absences, de l'application et de la conduite, les bulletins, les témoignages hebdomadaires et mensuels, les places et les promotions d'après le progrès et l'ordre de mérite.

176. — Qu'entend-on par classification ?

C'est l'exacte distribution des élèves d'après l'âge et le mérite.

Là où plusieurs maîtres fonctionnent dans une même école, il faut introduire le *système par classe*, mais *non celui par objet*. L'éducation, dans l'enseignement par objet, est rendue plus difficile; elle est subalternisée, l'instruction perd en unité; l'instituteur est un malheureux tâcheron au cachet, et l'enfant est sevré de cette culture harmonique par laquelle le corps obéit à l'esprit et l'esprit à Dieu.

[1] Voir dans la 1re partie les questions 140, 141, 142.

177. — Qu'entend-on par division dans une école élémentaire ?

C'est le groupement des enfants de l'école d'après leur développement et leurs connaissances. Si ces divisions ont chacune un maître et un local spécial, on les appelle des *classes*.

Lorsqu'une classe comprend deux divisions et dure ainsi deux années, l'instruction a pour but la première année de poser les fond-ments de l'instruction, et durant la deuxième année d'affermir ces fondements par des répétitions. Le temps d'école comporte ordinairement huit années et se répartit les élèves en trois degrés qu'on peut appeler : le premier, celui de l'enseignement intuitif; le deuxième, celui de l'enseignement par exercices; le troisième, celui de l'enseignement par applications.

178. — Qu'entend-on par méthode?

C'est la manière d'enseigner à l'école. On distingue deux méthodes :

1° La méthode *objective*, se rapportant à l'objet enseigné ;

2° La méthode *subjective* ou personnelle, se rapportant à l'instituteur.

D'après *Kellner* (dans ses *Aphorismes*), la méthode objective se trouve dans les livres, et l'on peut se la procurer pour de l'argent. Beaucoup pensent, et Pestalozzi était aussi de cette opinion, que chacun peut devenir instituteur au moyen d'un manuel approprié. Si cela était possible, il n'y aurait pas de si grands contrastes entre les instituteurs, et l'enseignement ne serait qu'une simple industrie, un apprentissage. Pour un débutant, il ne reste sans doute pas autre chose à faire qu'à s'approprier d'abord une méthode et à la pratiquer exactement pendant plusieurs années. S'il en obtient de bons résultats, il doit l'associer à la méthode subjective. L'instituteur est celui qui doit instruire, et c'est à lui qu'il appartient de s'assimiler spontanément la matière de ses leçons. Et cette conception de la matière à enseigner no peut pas être la même chez tous. Elle s'approprie d'après l'intelligence de l'instituteur et surtout d'après l'activité et la promptitude de cette intelligence, d'après le cœur et ses inclinations, d'après tout l'être intérieur de l'homme. Cette assimilation doit être telle, que la matière de l'enseignement devienne entièrement et pleinement la propriété intellectuelle et inaliénable du maître, si bien qu'il parle de son propre fonds, qu'il soit intimement, profondément pénétré et animé de son sujet. Cette possession parfaite du sujet doit se révéler par toutes les puissances de l'âme, par le jeu de la physionomie, par la sûreté de l'expression, par le ton de la voix, par l'habileté de la démonstration et en général par tout ce qu'on est et doit être, intérieurement et extérieurement, dans la vie scolaire. Une telle assimilation de la matière à enseigner, par laquelle le maître la transforme en sa véritable substance intellectuelle, sa chair, son sang, donne à l'enseignement des résultats assurés, car ce n'est que par là que l'on peut inspirer aux enfants un véritable intérêt pour le sujet dont on les entretient, qu'on captive leur attention de telle sorte qu'elle est absorbée par l'intérêt du sujet et qu'ils s'oublient eux-mêmes. Cette digestion intellectuelle, diverse suivant les aptitudes individuelles, est un art à son degré le plus élevé, c'est-à-dire une création nouvelle du sujet d'étude, en vue de l'enseignement, et cette méthode s'appelle *subjective*. Elle ne se laisse pas acheter chez le libraire, ni copier servilement, car elle est innée. Or celui que la nature n'a pas formé pour devenir instituteur ne peut pas plus obtenir la palme en cet art qu'un peintre quelconque ne peut devenir un Raphaël, un poète, un émule de Racine. Cependant personne ne doit se décourager. Bien qu'il n'y ait point de compensation parfaite possible, l'homme fait cependant son profit de tout ce qui le fortifie. D'abord il faut un véritable et généreux amour de la vocation; celle-ci anime tout, et se reflète dans le regard, va des yeux de l'instituteur à l'âme des enfants; la vie est allumée par la vie. De bons modèles font aussi beaucoup pour le succès de l'enseignement. C'est une haute jouissance que d'entendre l'homme capable qui est véritablement instituteur : son exemple inspire, excite, instruit. Mais avant tout, une sincère piété : sans religion, point de méthode véritablement efficace et féconde. Ce n'est que par un sentiment profondément religieux qu'on acquiert une idée juste et vraie des choses du monde et de la vie, une notion exacte de tous les rapports et de toutes les sciences. Aussi plus un instituteur sera un homme zélé, pieux, ouvert, plein de vivacité et de simplicité enfantine, plein d'un sentiment ardent pour tout ce qui est noble et divin, — plus aussi il aura la méthode en soi et sera un éducateur dans la plus noble acception de ce terme!

179. — De quels éléments se compose la méthode ?

Elle se compose des sept éléments suivants :
1° Les principes de l'enseignement;
2° Le plan de l'enseignement ;
3° La marche de l'enseignement ;
4° La forme de l'enseignement ;
5° Le ton de l'enseignement;
6° Les moyens d'enseignement ;
7° Les exercices d'application.

Toute l'instruction scolaire n'est pas autre chose que le don intime et réciproque de l'instituteur à ses élèves et de ceux-ci à l'instituteur. Le moyen, c'est la matière de l'enseignement; le but, la formation de l'esprit et du cœur de l'enfant pour les différentes directions qui ont été indiquées dans l'art de l'éducation.

180. — Comment peut-on formuler les principes d'enseignement?

Enseignez :
1° Conformément à la nature, c'est-à-dire en tenant compte du développement de l'esprit, de l'individualité et du caractère de l'élève.

Dans la marche du développement de la nature, il n'y a point d'arrêt, mais aussi point de précipitation. Il en doit être de même dans l'instruction. Qu'elle suive une marche en avant continue et non superficielle, un progrès solide et sans lacune, c'est-à-dire un progrès constant. On perd en solidité ce qu'on gagne en étendue.

2° **Intuitivement**, c'est-à-dire employez toujours un langage simple et familier, des exemples, des images, des comparaisons à la portée des enfants, et simplifiez ce qui est complexe.

Le développement de l'esprit humain commence naturellement par des perceptions sensibles. Celles-ci s'élèvent à l'intuition, et par l'intelligence aux notions et aux idées générales. On part ainsi de l'élément sensible, et l'on dirige les enfants de telle sorte qu'ils s'élèvent aux idées abstraites par leur propre initiative.

3° **Élémentairement**, c'est-à-dire procédez du proche à l'éloigné, du simple au composé, du facile au difficile, du connu à l'inconnu.

Ce qui est simple est ordinairement facile, et ce qui est composé difficile. Par le mot *proche,* on n'entend pas ce qui est près du domicile de l'enfant, mais ce qui est à la portée de son intelligence.

Par conséquent la solidité de l'instruction sera réalisée par un langage clair et intelligible, par des exemples appropriés, une marche lente en avant, une gradation convenable et des répétitions fréquentes. Répéter ce qui a été oublié est aussi utile que d'apprendre ce que l'on ne sait pas encore.

La répétition peut avoir lieu à différentes époques :

(*a*) Au commencement de la leçon, en récapitulant la leçon précédente ;

(*b*) A la fin d'un sujet complet, en le reprenant entièrement pour l'exposer dans son ensemble ;

(*c*) A certain jour de la semaine, à la fin du mois, à la fin du cours d'hiver ou d'été ;

(*d*) Occasionnellement, si la répétition est une préparation indispensable à ce qui va suivre.

La répétition peut avoir lieu de plusieurs manières :

(*a*) Le maître peut interroger brièvement sur ce qu'il a exposé ;

(*b*) Il peut récapituler de nouveau sommairement sans interroger ;

(c) Il peut aussi faire exposer, raconter, expliquer par les enfants.

4° **Harmoniquement**, c'est-à-dire en agissant non seulement sur l'intelligence, mais aussi sur la volonté, en ne tenant pas seulement compte de la mémoire, mais aussi de la raison.

On peut appeler *exclusive* une instruction qui ne prend en considération qu'une seule faculté, quand il faut en cultiver plusieurs. Elle est exclusive aussi quand elle n'associe pas la science à l'action. C'est pourquoi *Novalis* a dit fort judicieusement : *Nous ne savons une chose qu'autant que nous pouvons l'exprimer.*

La grande diversité d'objets est ici à éviter, car la surcharge et la hâte sont une cause de préjudice pour l'intelligence de l'enfant.

5° **D'une manière vivante et attrayante**. La chaleur du langage ne consiste pas dans le ton criard, la volubilité des paroles, la gesticulation, mais elle est l'élan spontané d'un maître pénétré de son sujet, et qui n'éprouve en ce moment d'autre désir que celui de se communiquer à ses élèves.

Celui qui est animé de cet esprit ne sera ni aigri, ni découragé, ni traînard, ni monotone, débitant son affaire d'une voix morne et sourde; mais son expression sera libre, aisée, il aura l'entrain et la voix, l'accent, le geste, bref, tout jaillira de source. Le maître saura dans l'occasion donner à la leçon plus de vie et d'intérêt; c'est ainsi qu'il fait régner dans l'école l'entrain, la force, l'intelligence, y maintient l'ordre et la tranquillité nécessaires, captive l'attention des élèves, éveille et stimule l'amour de sa vocation et élève considérablement son influence.

181. — A quoi faut-il avoir égard dans l'élaboration du plan d'enseignement?

Il faut avoir égard à la matière de l'enseignement, au plan des leçons, à l'ordre journalier et à la marche de l'enseignement.

182.— Que faut-il considérer quant aux matières à enseigner?

C'est qu'il s'agit de savoir : non seulement 1° quels objets sont enseignés à l'école primaire, mais encore : 2° jusqu'où s'étend cet enseignement; 3° quels sont les tendances et la fin de cet enseignement; 4° comment sont distribuées les matières de cet enseignement entre les différentes classes et divisions de l'école.

L'étendue de cet enseignement se règle d'après le but des élèves, d'après la destination de l'école, la capacité des enfants et d'après les circonstances locales. La distribution du programme de l'enseignement entre les différentes classes et divisions de l'école doit être établie d'une manière complète au début de l'année scolaire, si l'on veut atteindre le résultat désiré. Sans cette précaution préalable, le maître n'obtiendra jamais de sérieux résultats. Chaque classe doit avoir son programme formant relativement un tout complet. Plus les enfants sont jeunes, plus il importe que tout se limite à l'essentiel. Cet essentiel doit en outre revenir dans chaque classe subséquente, mais approfondi et développé de plus en plus. Chaque année l'on revoit et l'on complète les notions acquises les années précédentes, qui ont eu le temps de s'enraciner et de devenir une habitude de l'intelligence.

183.— Quels objets d'enseignement appartiennent essentiellement à l'école populaire?

Ce sont la religion, la langue maternelle, le calcul, la calligraphie et le chant. Là où les circonstances locales le rendent désirable, on peut considérer les études secondaires ci-après comme relativement indispensables : l'étude de l'histoire et de la géographie, l'étude de la nature, l'étude du globe, la géométrie et le dessin.

184. — Quel est le but et quelle est l'étendue de l'enseignement religieux ?

C'est l'instruction religieuse qui doit entretenir la crainte de Dieu ; c'est par elle que les enfants doivent apprendre à se connaître eux-mêmes intérieurement, à se maîtriser, à conserver leur innocence ; à dériver de la doctrine chrétienne tous les devoirs, tous les rapports, toutes les circonstances de la vie. Pour ce qui est de l'étendue de cet enseignement, il n'y a point ici de limites, car l'union de l'homme avec Dieu (religion) doit être réalisée en esprit et en vérité, et tous les objets d'enseignement doivent être traités de manière à élever les enfants vers Dieu.

Comme la religion n'est pas uniquement un exercice de la mémoire, mais bien plus encore une affection du cœur (la mémoire n'étant ici que le moyen par lequel le cœur reçoit l'aliment qui lui est nécessaire), il s'ensuit que la culture du cœur, spécialement de la volonté, est la plus importante. Un esprit cultivé et une sensibilité raffinée sont plus nuisibles qu'utiles, si la volonté n'est pas sanctifiée. C'est là le plus difficile, à cause de notre penchant au mal, des mauvais exemples et des diverses circonstances et situations de la vie. Par conséquent la connaissance universelle et générale du catéchisme et de l'histoire biblique, la connaissance géographique de la Palestine, quelques notions de l'histoire de l'Église, en particulier ce qui concerne la propagation du christianisme : voilà le programme de l'école primaire. A cela se rattache la vie de quelques saints du diocèse. En outre, il faut enseigner de manière que les enfants acquièrent l'intelligence aussi claire que possible des cérémonies de l'Église, de la liturgie, de la symbolique et de l'année ecclésiastique ; enfin on ne doit pas omettre les

sujets de controverse entre les différentes confessions religieuses.

**185. — Quel est le but à atteindre dans l'ensei-
gnement de la langue ?**

L'enfant doit acquérir l'intelligence de la langue au point de vue des idées exprimées et à celui
des formes grammaticales. Cet enseignement se
base sur le livre de lecture, son auxiliaire intuitif.
Il ne faut enseigner que ce qui a une valeur
pratique et ce qui paraît important pour l'intelligence et la pratique du langage.

Il ne doit pas s'écouler un seul jour sans que les enfants
soient exercés à reproduire correctement, de vive voix
et par écrit, ce qu'ils auront lu. C'est dans l'habileté à exprimer par écrit ses propres pensées ou les pensées d'autrui
qu'on a le plus sûr criterium pour juger si l'enseignement
de la langue maternelle est donné d'une manière convenable. Dès que l'écolier peut faire une description, une lettre
renfermant une suite d'idées et de propositions bien coor-
données quant à leur objet, sans commettre des fautes d'orthographe trop choquantes, on peut dire qu'il a reçu un bon
enseignement de la langue maternelle, même s'il ne devait
pas savoir distinguer un adjectif d'un adverbe. Dans l'enseignement de la composition, il faut agir d'après ces principes : les enfants de l'école primaire n'ont pas à imiter,
mais seulement à reproduire : l'objet, le fond de leurs compositions écrites leur est donné soit par la leçon qui a précédé, soit par le plan tracé après les développements oraux
et les questions du maître. Au début, il y aura des narra-
tions et des descriptions sur des sujets concrets et même
légèrement abstraits ; on y ajoutera des comparaisons avec
les analogies et les différences des objets, de nature concrète ou même légèrement abstraite, des sommaires, des
résumés, des amplifications ; enfin des imitations et des ré-
dactions sur des actes usuels de la vie pratique : certifi-
cats, notes, quittances, cédules, etc. La plus grande partie
des compositions doivent être faites sur l'ardoise et, si c'est
possible, dans les cahiers de devoirs. Quelques-unes seule-

ment seront transcrites sur des feuilles ou dans un cahier de *corrigés.*

Dans une école de quatre divisions, la gradation des exercices écrits peut être à peu près la suivante :

1er Cours : introduction à la méthode simultanée de lecture et d'écriture, écriture et copie des mots, de courtes propositions, puis séparation des syllabes.

2e Cours : copie correcte des textes lus et dictés.

3e Cours : exposition orale, puis reproduction écrite de ce qui a été appris par cœur; ce qui a été lu seulement est le sujet de la dictée.

4e Cours: dictée proprement dite; reproduction écrite de ce qui a été lu ou exposé oralement; reproduction ou rédaction de ce qui a été développé par demandes et réponses, compositions proprement dites de l'école primaire.

La dictée est le degré intermédiaire ou la transition entre la copie ou reproduction textuelle et la rédaction ou exposition écrite libre. Celles des écoles qui ont acquis une certaine aptitude dans la rédaction ont réalisé déjà un pas important et décisif pour la composition proprement dite. Dans le livre de lecture, l'enfant apprend la langue maternelle à sa source pure et classique; il se familiarise avec elle sous la direction du maître; il acquiert en même temps les notions et les idées dont la langue est le véhicule.

Les heures de lecture comportent donc plus que ne l'indique leur titre; elles peuvent ainsi être utilisées à peu près comme suit :

1° Le maître désigne un texte : chaque élève le lit pour soi, à voix basse.

2° Le maître lit ensuite le texte à haute voix et distinctement;

3° Puis les élèves lisent à haute voix, d'abord les plus plus forts.

4° Le maître fait fermer le livre, interroge les écoliers sur le contenu du texte, donne en passant les explications désirables pour l'intelligence du sujet non moins que pour la disposition des parties.

5° Les enfants sont tenus de reproduire de vive voix, puis par écrit, le sens du texte lu et expliqué. On complète les explications là où les termes l'exigent.

6° Les élèves relisent à haute voix, d'une manière plus expressive et mieux sentie.

7° Le maître revient sur les propositions et les phrases pour y rattacher les règles de grammaire et d'orthographe, et aussi pour y puiser des exemples ou des modèles destinés à des exercices d'imitation de vive voix et par écrit.

8° Enfin les notions acquises dans ce même texte fourniront la matière de divers exercices de rédaction ou de reproduction libre, soit sur le morceau en entier, soit sur l'une des parties, travail qui sera fait en classe ou à la maison.

Cette manière de tirer parti du livre de lecture présuppose que le maître a d'abord préparé consciencieusement sa leçon.

186. — Que faut-il enseigner en fait de calcul dans une école primaire ?

Le but et la fin de l'enseignement du calcul à l'école élémentaire est d'acquérir, dans les opérations du calcul et la solution des problèmes, cette habileté qui est nécessaire à chacun dans la vie sociale.

L'étendue de cet enseignement est déterminée par les quatre opérations fondamentales de l'arithmétique et par l'étude des nombres décimaux et des fractions ordinaires. Le programme de cet enseignement est déterminé par les applications que présente en si grande variété la vie pratique dans ses relations les plus diverses. Il faut éviter soigneusement toutes les opérations de calcul trop compliquées, trop scientifiques, et les problèmes sans valeur pratique. Le calcul mental doit servir de base à toutes les opérations du calcul écrit. C'est dire que la plupart des problèmes qui doivent être résolus par le raisonnement et les opérations, se feront par la réduction à l'unité. Quant aux formules, elles ne seront communiquées aux élèves que comme un résultat final, un couronnement de l'étude des règles de l'arithmétique. Par contre, l'élève doit être astreint à trouver lui-même la voie la plus simple et à résoudre le même problème de plusieurs manières différentes. Les règles et les formules ne s'effacent que trop vite dans la vie pratique. L'habileté à résoudre spontanément des questions de calcul, souvent compliquées, reste acquise, et il est certes préférable de savoir donner la solution d'un problème de dix manières différentes, que de résoudre dix problèmes par un seul procédé.

187. — Quel sont le but et la méthode de l'enseignement calligraphique?

On ne peut avoir en vue ici une écriture artistique. Ceci présuppose des dispositions spéciales et exige plus de temps que l'école n'en peut consacrer à cet objet. Le but de cet enseignement est d'obtenir que l'enfant écrive couramment, avec facilité et sûreté, comme l'exige la vie pratique, c'est-à-dire arrive à une écriture élémentaire correcte, lisible, nette, agréable et ferme. Dans les écoles où l'enseignement simultané de la lecture et de l'écriture a été introduit, l'écriture sur papier commence avec la troisième année scolaire.

Les leçons d'écriture doivent aussi occuper et perfectionner l'esprit et le corps. Si ces exercices sont purement routiniers, ce n'est pas autre chose qu'un *rien-faire* laborieux, même si l'élève écrit cinquante fois dans une heure : *L'oisiveté est la mère de tous les vices.* On peut donc faire alterner le tracé des caractères, l'écriture en mesure et au commandement avec les feuilles modèles d'écriture, mais tout cela dans un ordre progressif et gradué. On commence avec ce qui est le plus simple et le plus facile, et l'on passe ensuite à ce qui est plus difficile, plus compliqué. C'est ici spécialement le cas d'appliquer la maxime : *Hâtez-vous lentement.* On ne passera jamais à une nouvelle forme avant que la précédente ait été reproduite facilement et d'une manière passable. De bonnes plumes, une attitude convenable du corps, la tenue et le mouvement de la main droite, du papier bien collé, une position droite, de l'encre noire, la vigilance du maître, pour s'assurer que l'élève y met l'application nécessaire : telles sont les conditions essentielles des leçons d'écriture pour que celles-ci soient profitables. La surveillance de la tenue du corps est rendue plus facile si le maître exige que les élèves soient rangés symétriquement les uns à côté des autres ou les uns derrière les autres, de manière que chaque irrégularité dans la tenue soit facile à remarquer. On doit aussi exiger pour une bonne écriture courante de la symétrie et du coup d'œil dans l'exécution. Elle est obtenue par des feuilles ou cahiers avec des lignes réglées à dessein dans ce but, jusqu'à ce que l'élève ait acquis une habitude suffisante de cette symétrie. Encore cette observation en terminant : c'est que tout ce que l'élève doit écrire soit bien soigné; car de cette manière on atteindra plus tôt le but que par un grand nombre de leçons d'écriture.

188. — Qu'est-ce qu'il convient d'enseigner en fait de chant?

L'école primaire ne doit pas viser à former des artistes et des virtuoses; la connaissance des différentes mesures et des divers tons, la production et le discernement des sons seraient, par conséquent, des exigences prématurées, inopportunes. Les enfants doivent être rendus aptes à saisir rapidement et facilement des mélodies notées et à les chanter avec le maître ou après celui-ci; c'est pourquoi il faut surtout avoir en vue l'oreille avant tout, l'oreille musicale et la culture de la mémoire des mélodies. Le chant avec notation peut, suivant les circonstances, être de quelque utilité dans les écoles de plusieurs classes.

Dans le choix des morceaux, le maître doit avoir en vue le texte aussi bien que la mélodie; car le chant à l'école doit être en intime et étroite corrélation avec la vie et exercer sur elle une influence salutaire. Par conséquent le texte doit être d'abord expliqué, compris et gravé dans la mémoire. L'enseignement du chant est incomplet, défectueux et sans but, lorsque les enfants ne peuvent chanter par cœur que le premier couplet des morceaux qui ont été exercés. Le maître doit faire apprendre aussi un certain nombre de chants liturgiques comme aussi de cantiques populaires, de telle manière qu'ils deviennent gravés en traits ineffaçable pour la vie entière. Pour les chants à deux voix, les enfants qui chantent la deuxième voix doivent apprendre à chanter la première voix. On tiendra rigoureusement et constamment à une prononciation nette et correcte, évitant les tons criards. La leçon de chant ne doit pas durer au delà d'une heure; pour les plus petits, une demi-heure peut suffire. Le temps le plus convenable pour les exercices de chant est l'après-midi.

189. — Qu'y a-t-il à observer à l'égard des branches accessoires d'enseignement?

Les branches d'études ne doivent point faire abstraction de ce qui est le plus indispensable, et ne point dégénérer en un simple étalage de mémoire par lequel certains instituteurs vont faire parade aux examens devant les profanes.

L'étude de la géographie, de l'histoire, des sciences naturelles se rattache aux leçons de langue et à celles de religion dans la lecture et le livre de lecture, comme aussi à la vie civile et religieuse. Ainsi l'on pourra, selon les circonstances locales, y assigner des heures spéciales (environ quatre heures par semaine) dans le plan des leçons. Le maître s'attachera surtout non pas tant à communiquer un certain minimum de connaissances (car celui-ci sera toujours peu considérable), qu'à choisir la matière de ses leçons de manière à agir sur le cœur et le sentiment et à cultiver avec l'intuition l'entendement et la pratique du langage. L'étalage purement de mémoire des noms et des chiffres ne doit jamais être le but de ces leçons. Il ne faut pas non plus perdre ici de vue que la parole vivante du maître, son talent d'exposer dans des tableaux vivants, des récits animés et des descriptions intuitives sont de l'importance la plus décisive, et que les leçons ne porteront de véritables fruits que si le maître sait tenir les élèves suspendus à ses lèvres. C'est pourquoi une préparation sérieuse et approfondie est indispensable. Tout ensemble systématique, tout vernis scientifique et toute démonstration dans un langage technique doivent être soigneusement évités, car il ne s'agit nullement à l'école primaire d'un savoir scientifiquement coordonné.

190. — Qu'est-ce qu'il convient d'enseigner en fait de géographie à l'école primaire ?

La géographie forme le point de départ des notions sur l'univers et ses habitants. C'est une science d'ensemble qui associe l'histoire et l'étude de la nature. L'enseignement géographique doit débuter par ce qui est le plus intuitif, et non par des généralités abstraites; elle commencera par la géographie locale, l'étude du lieu natal, et non par la géographie mathématique. L'enfant apprendra à connaître d'abord son domicile et les environs au moyen d'une carte locale esquissée par le maître avec le concours des élèves. Ce n'est que par ce moyen que l'enfant s'initiera à la connaissance de la carte du pays. Il ne faut pas étudier dans le livre ce qui peut être appris sur les cartes.

Le territoire et la situation d'une localité fournissent matière à des développements et à des comparaisons pour fixer le sens des termes géographiques, comme par exemple nord, sud, montagne, vallée, cours d'eau principal, affluents, mer, lac, etc. La vie sociale en commun des hommes dans les villes et les villages fournit la matière des explications intuitives sur le sens des mots : commune, autorité, loi, constitution, etc. La géographie locale s'étend graduellement de la commune au canton, au département, à tout le pays. Après cela on peut passer aux notions les plus essentielles sur la géographie mathématique, particulièrement à celles qui concernent la forme sphérique du globe, le double mouvement de la terre, sa position par rapport au soleil pendant les quatre saisons de l'année, les degrés de longitude et de latitude, le pôle, l'équateur, les zones, etc. Ici se rattache un aperçu de la France, d'après ses divisions naturelles, ses montagnes, ses fleuves, et aussi d'après ses divisions politiques. On y joint la connaissance des autres pays de l'Europe, d'après leur situation, la nature du sol, la population, la superficie; puis les États les plus importants, tels que l'Allemagne, l'Angleterre, l'Italie, la Russie, sont étudiés plus en détail que les autres. Enfin un coup d'œil sur les cinq parties du monde, d'après leur situation, leur étendue, leur configuration, leurs rapports climatériques, leurs produits et leur population. La carte doit assidûment venir au secours de la leçon; par là l'étude de la géographie devient plus facile et plus approfondie.

191. — Qu'est-ce qu'il convient d'enseigner en fait d'histoire?

Tout l'enseignement historique à l'école populaire doit être considéré non comme un but, mais plutôt comme un moyen d'agir sur le cœur de la jeunesse. Au moyen de tableaux et de récits vivants et colorés, il doit présenter à l'enfant des exemples de piété, de dévouement, d'amour de la patrie et d'autres vertus, et lui montrer que l'homme ne peut travailler d'une manière réelle et durable à son propre bonheur et à celui de ses semblables, qu'en demeurant fidèle aux commandements de Dieu : sans l'amour divin, il n'y a point de véritable amour de la patrie.

Cet enseignement à l'école élémentaire n'a qu'à présenter des tableaux historiques détachés, à choisir et à grouper les personnages historiques, de telle manière que l'on retrouve dans leur vie et leurs actes des sujets d'émulation pour notre vie présente et future. Les biographies doivent se rattacher à l'histoire biblique et en constituer la continuation agrandie, ce qui a lieu par l'histoire de l'Église. Dans l'histoire profane on choisit ce qui peut le mieux servir à l'intelligence de l'histoire biblique, de l'histoire de l'Église, à la connaissance des destinées de la patrie et ce qui excite l'amour de cette patrie. Ce sentiment est éveillé et entretenu par des poésies patriotiques, des chants nationaux et des récits, mais non par la sèche nomenclature des événements, par les tableaux généalogiques des dynasties régnantes et par des tables de chronologie; car ce qui donne de l'attrait, de la vie à l'étude de l'histoire, ce n'est pas de savoir ce qui s'est passé, mais comment l'événement s'est passé, la vie des personnages qui arrivent sur la scène : voilà le mobile de notre sympathie et de notre admiration. Si l'instituteur veut produire par son enseignement une véritable culture de l'esprit et du cœur, en faire une école de sagesse et de vertu, il doit lui-même se familiariser d'esprit et de cœur avec cette science, raconter et décrire oralement et librement, être familiarisé avec l'art assez difficile d'exposer et de peindre, afin de devenir pleinement maître de son sujet.

Cette méthode biographique n'exclut cependant en aucune manière le plan ni l'ordre; au contraire, un enchaînement rigoureux de récits détachés n'est pas seulement réalisable, mais c'est une préparation naturelle à l'intelligence de la liaison et de l'ensemble des événements; cela se fait tout simplement en ce sens que chaque tableau est tantôt précédé d'une introduction, d'une revue rétrospective, tantôt suivi d'un appendice qui présente à l'arrière-plan les personnages secondaires, afin de mettre d'autant mieux en relief ceux qui sont à l'avant-scène. Le livre de lecture sert aux répétitions et à la connaissance plus intime de ce qui a été enseigné, et le maître permet seulement que les enfants prennent note de quelques noms et de quelques dates.

192. — Qu'est-ce qu'il convient d'enseigner en fait de sciences naturelles?

Cette étude a pour triple but d'initier l'élève à la connaissance de la nature et de ses lois, de donner à l'esprit une culture générale et de faire voir quelle influence les produits de la nature exercent sur l'homme, sur l'industrie et le commerce. Il va sans dire qu'il ne peut être ici question de développements scientifiques, encore

3*

moins d'un sommaire aride, de systèmes et de nomenclatures abstraites.

Parmi les différents règnes, les embranchements, les classes et les ordres, ainsi que parmi la variété des phénomènes de la nature, il faut faire un choix et décrire les corps et les transformations qui peuvent être considérés comme les types et les représentants de beaucoup d'autres. A côté de cela, il faut avoir en vue ceux qui se caractérisent par leur utilité spéciale ou leur nocuité, par leur structure merveilleuse, par leurs admirables instincts, par leur taille extraordinaire et leur beauté, et qui sont ainsi particulièrement destinés à attirer l'attention, à cultiver l'intelligence et à fournir un aliment au sentiment moral et religieux. Ce but, on l'atteindra par de courtes monographies (descriptions d'objets étudiés intuitivement) et par des tableaux. On procède ainsi de l'objet à sa description générale, et non en sens inverse en partant des idées abstraites, et l'on procure une observation directe, vivante, claire, puissante et multiple des objets à étudier, de leurs caractères et de leurs modifications. Lorsque les élèves auront acquis un certain nombre de connaissances de détail, on les conduit par des comparaisons et des rapprochements à en déduire les notions d'ensemble, l'unité supérieure, la loi. La comparaison en particulier est un excellent moyen de donner les leçons expérimentales d'une manière éducative. Si le maître apporte en classe une semence et dit : c'est un œuf, ou s'il appelle le cristal une fleur en pierre qui croît dans la terre, ou si, avec l'Arabe, il appelle le chameau le vaisseau du désert, etc., ce sont là sans doute de simples expressions colorées, mais elles sont le symbole de la chose elle-même dans sa réalité intime, elles ont trait aux harmonies de l'objet avec la vie humaine. On s'applique autant que possible, pendant toutes les leçons de sciences naturelles, à inspirer aux élèves le goût et l'esprit d'observation et d'initiative, le plaisir d'étudier et de contempler la nature dans ses merveilleuses créations, de faire par eux-mêmes des explorations et des observations plus étendues. De ce qui précède il résulte ceci : qu'il faut d'abord avoir en vue de préférence les produits naturels indigènes et observer constamment le précepte : *peu, mais bien.* C'est de cette manière seulement qu'il est possible pour l'élève d'étudier en détail et d'approfondir la connaissance des objets qu'il a sous les yeux, et de réaliser le profit que l'on se propose pour l'esprit et pour le cœur. Avec l'exhibition, l'examen, l'explication, se combinent les exercices de lecture, l'étude de ce qui a été lu, les questions, la reproduction orale et écrite. L'étude de la nature se prête d'une manière toute particulière aux exercices de style.

I. Histoire naturelle. — Les leçons ne doivent pas se borner aux produits indigènes. L'usage quotidien des denrées coloniales amènera le maître à parler des produits exotiques. Il est inopportun de s'arrêter trop longtemps à des sujets généralement connus, comme par exemple la chèvre, le chat, etc. Parmi les êtres animés, les plus importants à étudier sont les créatures d'une organisation supérieure, c'est-à-dire les mammifères et les oiseaux. Plus l'organisation descend, plus il faut se tenir aux généralités; les genres seulement, comme l'abeille, la fourmi, le ver à soie, qui offrent un intérêt particulier, doivent être traités avec plus de détail. Pour les plantes et les minéraux, l'instruction doit se borner à la détermination des principaux groupes naturels. Si le temps le permet, on pourra, comme couronnement des leçons et afin de mieux classer et fixer dans l'esprit les notions acquises, les représenter en un tableau systématique; seulement cette classification ne doit pas être la chose principale et ne pas être poussée trop loin dans les détails. On peut aussi dans l'occasion donner aux enfants les notions les plus importantes sur l'emploi et les usages des produits de la nature dans l'industrie.

Minéralogie (étude des corps inorganiques). — L'argile, la marne, le schiste, la chaux, la craie, le mica, le sable, le silex, la pierre à fusil, l'écume de mer, la pierre ponce, le granit, le gneiss, le porphyre, nous font distinguer les espèces de *roches et de pierres;* le basalte, le porphyre, le cristal de roche, le grenat, nous apprennent à discerner les formes cristallines des minéraux. L'or, l'argent, le cuivre, le zinc, le mercure, l'arsenic, sont facilement reconnus comme *métaux;* le sel gemme, le sel de cuisine, le salpêtre, le vitriol, le sel de Glaube., sont désignés sous le nom générique de *sels*, et le soufre, la houille, la tourbe, le succin, le bitume, le lignite, l'asphalte, nous amènent à la classe des minéraux *combustibles*.

Botanique (étude des plantes). — On doit écarter comme inopportun et prématuré à l'école primaire le système artificiel de Linnée et le système naturel de Jussieu. L'instituteur doit donc s'en tenir à l'ancienne division vulgaire des plantes, telle qu'elle est en usage dans la langue populaire. On divisera donc les végétaux en *plantes avec des fleurs* et *plantes sans fleurs*. Dans la première division on distinguera les arbres, les arbrisseaux, les arbustes et les plantes herbacées. Dans chaque espèce, on distinguera encore entre les plantes indigènes et les plantes exotiques. Les arbres se subdiviseront de nouveau en arbres forestiers, fruitiers, bois de construction, bois d'œuvre, bois de chauffage. Les plantes, d'après leurs usages, en alimentaires (céréales, tubercules et racines, fourrages, légumes, fruits), en industrielles (textiles, oléifères, tinctoriales, médicinales), plantes d'ornement, plantes vénéneuses. Les plantes sans fleurs : mousse, lichens, champignons, algues. Il va sans dire qu'on s'en tiendra aux notions essentielles sur la structure des plantes, leurs familles, leurs fleurs, au moyen de dessins, mais de préférence par des exemplaires mis entre les mains des enfants.

Zoologie (études des animaux). — Les animaux se divisent en *vertébrés* et *invertébrés*. Aux premiers appartiennent les quatre classes des mammifères, des oiseaux, des amphibies et des poissons; aux invertébrés, les insectes et les vers. Sans entrer dans le détail des classifications scientifiques, on se bornera aux mammifères domestiques et aux mammifères sauvages indigènes, aux oiseaux domestiques et aux oiseaux insectivores; parmi les reptiles on fera connaître l'orvet, la couleuvre, la vipère; parmi les poissons, la truite, l'anguille, et les principaux poissons de nos rivières et de nos lacs; parmi les batraciens, la grenouille, le crapaud et leurs métamorphoses; parmi les insectes utiles, l'abeille et le ver à soie, et les espèces les plus communes d'insectes nuisibles : hanneton, papillon, etc.

II. PHYSIQUE. — Son étude est utile aussi à l'école primaire, mais seulement pour observer et juger exactement les phénomènes quotidiens et aussi pour les usages domestiques et industriels. Les leçons commencent par l'étude des corps, non d'après leurs dimensions et leurs formes, mais d'après leurs éléments, leurs combinaisons, leurs transformations.

L'ancienne division en corps pondérables (l'or, le bois, l'eau, etc.) et en corps impondérables (la lumière, la chaleur, l'électricité, qui sont plutôt des forces et des états de corps) est à conserver dans l'enseignement élémentaire; les corps pondérables se subdivisent à leur tour en solides, liquides et gazeux. Beaucoup de corps peuvent passer successivement par ces trois états : c'est ainsi que la glace devient de l'eau, puis de la vapeur; le bois se dissout en fumée et en vapeur; le mercure se solidifie par congélation. Il y aurait donc lieu d'étudier les propriétés générales des corps. A la mobilité se rattache la théorie du levier, de la balance, du rouleau, de la poulie, de la roue hydraulique; à la pesanteur se rattache la loi de la chute des corps.

Pour ce qui est des propriétés particulières des corps, on traitera de la chaleur, de la lumière, de l'électricité et du magnétisme, de l'air, du son, et des divers phénomènes atmosphériques. A la lumière et à la chaleur se rattachent l'électricité et le magnétisme. Une espèce particulière d'électricité est le *galvanisme*.

On traitera plus en détail des phénomènes atmosphériques : vents, nuages, pluie, neige, rosée, givre, tonnerre, éclairs, etc.; enfin on décrira les instruments qui sont d'un usage universel et quotidien : la balance, la pompe, le siphon, le thermomètre, le baromètre, le paratonnerre, la boussole, le levier.

193. — Que faut-il enseigner à l'école primaire en fait de géométrie et de dessin ?

A l'école primaire l'étude des formes se rattache à celle de l'écriture; celle-ci, comme celle-là, fournit une excellente occasion de former l'œil et la main, particulièrement si l'enseignement des formes n'est pas purement théorique, mais s'il est aussi un exercice pratique, c'est-à-dire si l'on y rattache l'enseignement du dessin. Ces leçons préparent et exercent à saisir, à juger et à reproduire

les dimensions des surfaces et des volumes; par
conséquent elles sont tout à fait propres à éveiller
des idées claires par la découverte des lois qui
président aux formes, à exercer la réflexion et à
stimuler le sentiment de l'ordre et de la symétrie.

L'étude des formes comprend les éléments de la géométrie
scientifique, de la même manière que la géographie les
notions préliminaires des études scientifiques, que le calcul
les éléments des mathématiques supérieures.

La connaissance des lignes d'après leurs différentes directions et des figures rectilignes, comme celle du cercle et des
figures curvilignes est son but immédiat. On y rattache le
dessin en tant que l'enfant est guidé (tantôt pour le coup
d'œil et la main levée, tantôt avec le compas), à imiter ces
lignes et ces figures ou à créer de nouvelles combinaisons
(étoiles, maison, monuments funéraires, etc.). A cette étude
se rattache aussi la connaissance des corps les plus importants, par exemple, le cube, le cylindre, la sphère, le cône,
la pyramide et les différents aspects et comparaisons au point
de vue de la surface, des angles, des arêtes. On y joint les
premiers essais de dessin de perspective, et le couronnement
de cette étude est le mesurage des surfaces et des volumes
des corps.

194. — Qu'y a-t-il à observer quant au plan d'enseignement et à l'ordre journalier pour la répartition des leçons ?

1° On veille à ce que l'instruction essentielle
soit répartie proportionnellement sur les différentes classes et divisions, et ainsi aucun cours
ne subira de lacunes.

2° Plus un enseignement est important, plus
il exige d'exercices, plus il est étendu, plus il
a des parties qui doivent être traitées élémentairement, plus aussi faudra-t-il y consacrer de
temps.

3° On cherche à assigner pour chaque leçon une heure entière dans les objets d'enseignement où la chose est réalisable, de manière que les élèves de toutes les divisions soient occupés en même temps du même sujet d'études. Les élèves plus ou moins avancés prennent part aux leçons d'une division supérieure ou inférieure.

4° On fait toujours succéder à la leçon directe les exercices d'application qui s'y rattachent, afin que l'élève se grave mieux les explications dans l'intelligence.

5° On fait toujours suivre à une occupation laborieuse une autre moins absorbante, afin de ne pas trop fatiguer l'attention de l'élève.

6° On consacre à chaque branche d'enseignement la partie de la journée qui est la plus favorable à l'activité qu'il y faut vouer.

195. — Que faut-il entendre par la marche de de l'enseignement?

Par la marche de l'enseignement, il faut entendre la distribution, l'ordre et la disposition des matières du programme d'après la force intellectuelle des enfants.

1° En ce qui concerne d'abord la répartition, elle consiste dans le fractionnement du tout en d'autres touts plus petits qu'on nomme les *degrés de l'enseignement.*

2° Les degrés doivent s'adapter les uns aux autres de telle manière que le deuxième degré fasse suite nécessaire au premier, et ainsi de suite, de telle manière que l'ensemble forme une unité parfaite.

3° *L'exposition* ou la manière de traiter chaque degré dépend de la méthode appropriée à la portée des élèves et à la nature du sujet, et il est à remarquer que, à côté des notions acquises, les exercices doivent être poussés jusqu'à l'habileté.

196. — Qu'entend-on par le procédé (le chemin)?

Par procédé, on entend la manière de conduire l'élève à la connaissance de l'objet enseigné. Il est de deux espèces : le procédé *analytique* ou de décomposition, et le procédé *synthétique* ou de recomposition.

Dans le premier, le maître expose la vérité, la décompose en ses éléments, développe ceux-ci successivement et procure ainsi la connaissance de la vérité intégrale. Dans le procédé synthétique, il marche en sens inverse; il va des parties spéciales aux parties plus générales et reconstitue ainsi le tout. Dans la première, on procède ainsi du général au particulier; dans la seconde, du particulier au général, des effets aux causes, des conséquences aux principes.

197. — Qu'entend-on par forme d'enseignement?

C'est la manière de communiquer l'instruction aux élèves. La méthode se rapporte à l'objet de l'enseignement; la forme se rapporte au mode d'exposition orale du maître.

Il y a trois modes de communication :

1° La forme *acroamatique,* où le maître parle plus ou moins longtemps, tandis que l'élève écoute;

2° La forme *socratique* ou d'invention, qui stimule l'enfant par des questions à chercher la vérité;

3° La forme *catéchétique* ou *dialogique,* sous forme d'entretien, où c'est tantôt le maître qui interroge, tantôt l'élève qui pose des questions, des objections, pour parvenir à la connaissance de la vérité.

Il va de soi que dans une seule et même leçon le maître peut et doit se servir des différentes formes d'exposition.

C'est même là une preuve d'aptitude que de savoir passer aisément, naturellement, d'une forme d'exposition à l'autre.

198. — Où et comment doit être appliquée la forme acroamatique?

Cette forme ne peut être appliquée que dans les leçons d'histoire, et, à cet égard, il est à observer :

1° Que l'exposition orale doit être brève et énergique, pas trop longue, sans images, facile à résumer;

2° Qu'il faut éviter le ton déclamatoire et les gestes forcés, mais s'exprimer avec un accent contenu de conviction chaleureuse.

199. — Quelles sont les règles à observer dans l'emploi de la forme socratique?

Dans la forme socratique, usitée surtout pour les leçons de langue et de calcul, il faut observer :

1° Que les tâches ne soient rendues ni trop faciles ni trop difficiles;

2° Qu'elles soient données d'après un plan déterminé et formant une série appropriée à l'objet;

3° Qu'on laisse à l'enfant un temps suffisant pour trouver, sans trop l'aider ni le guider par ses indications ;

4° Que les tâches soient sans doute variées, mais que l'on ne passe pas de l'une à l'autre avant que tout ce qui précède soit bien compris ;

5° Qu'on fasse toujours rendre aux enfants un compte exact de ce qu'ils ont fait et comment ils l'ont fait.

200. — Quelles sont les règles principales de la forme catéchétique?

Il y a les règles suivantes à observer pour la forme catéchétique, applicable à l'étude de la religion, et qui ne consiste nullement à faire un examen sur le catéchisme, mais à initier à l'intelligence des vérités exposées :

1° On doit éviter toutes les questions qui dévient du sujet de la leçon, et prendre le plus court chemin qui conduit au but.

2° Chaque question sera courte, simple, claire et précise. Des questions brèves stimulent l'attention et l'intelligence. Les enfants comprennent plus facilement ce qu'on leur dit avec des verbes et des adjectifs, qu'avec des substantifs.

3° Les questions en général auront à se régler sur les connaissances préalables et sur les précédentes réponses des enfants; elles ne doivent être ni trop faciles ni trop difficiles.

4° Les questions seront posées de telle sorte que la réponse ne soit pas simplement un *oui* ou un *non.*

5° Si l'on n'obtient point de réponse et que ce silence ne puisse être imputé ni à la paresse ni au défaut d'attention, il faudra poser la question d'une autre manière.

6° Si la réponse n'est qu'à moitié exacte, il faut poursuivre la question de manière à faire sentir et découvrir à l'enfant ce qu'il y a d'inexact et d'incomplet dans sa réponse.

7° Toutes les questions doivent suivre un certain ordre et se relier les unes aux autres.

201. — Comment le maître doit-il interroger?

Qu'il s'agisse de questions socratiques ou de questions catéchétiques, il doit :

1° Avoir une connaissance claire et précise de la matière sur laquelle il doit interroger;

2° Posséder la faculté d'observer rapidement si les enfants le comprennent quand il interroge ou s'ils se comprennent eux-mêmes quand ils répondent; le son de la voix, l'expression de la physionomie démontrent bientôt si l'enfant a compris la question;

3° Posséder l'habitude de passer sans longue hésitation à une autre forme de la question; il faut pour cela une longue habitude des interrogations;

4° Traiter les élèves de manière à les éloigner de l'intimidation et de la crainte.

202. — Comment doit-on questionner dans les examens?

1° On fractionne souvent les questions, et d'une seule on en fait plusieurs si c'est nécessaire.

2° On pose des questions analogues ou équivalentes. Par exemple la question : *Devons-nous observer les commandements de Dieu?* peut-être posée à peu près ainsi :

Sommes-nous obligés de faire ce que Dieu nous a commandé?

3° On pose la réponse comme question. Par exemple la réponse à la question : *Qu'est-ce qu'un sacrement?* se poserait ainsi :

Comment appelle-t-on les signes extérieurs que Jésus-Christ a institués?

4° On questionne en posant des cas particuliers. Par exemple, que signifie cette expression : *Dieu est tout-puissant?* Ordinairement la réponse est celle-ci : *Il peut faire tout ce qu'il veut.* Alors on demandera : *Si vous êtes malade, Dieu peut-il vous rétablir en santé?*

5° On interroge sur les contraires et les semblables. Par exemple : *Est-ce peut-être l'Église ou le Pape qui a institué les sacrements? L'eau bénite n'est-elle pas aussi un sacrement?*

6° On fait citer des exemples de cas particuliers.

203. — Que faut-il entendre par le ton de l'enseignement?

On doit entendre la disposition où se trouve l'instituteur pendant les leçons, et la manière dont il se sent animé par l'intérêt des sujets d'études, et en général sa tenue et son attitude dans les choses scolaires.

Le ton de l'enseignement doit différer suivant l'espèce d'école, plus rigoureux chez les garçons, plus doux chez les filles, plus sérieux chez les élèves avancés, plus affectueux, plus commnuicatif avec les plus jeunes.

Le ton de l'enseignement varie aussi avec la nature des leçons. Pendant l'instruction religieuse, il est affectueux, joyeux, plein d'entrain jusqu'à la verve; pendant le calcul il sera animé; en géographie il présentera des peintures vivantes; il sera affable et plein de condescendance pendant les leçons de langue, etc. etc. Le ton de l'enseignement dépend du tempérament, du caractère, du degré de culture, des dispositions intérieures, etc. Il révèle *le cœur* de l'instituteur.

204. — Quelles dispositions intérieures appartiennent au ton de l'enseignement?

Ce sont :

1° Une véritable piété qui procède du cœur;

2° L'amour de la vocation d'instituteur;

3° Le zèle pour tout ce qui se rattache à l'accomplissement de ses devoirs;

4° La gaieté et la vivacité dans le langage et dans l'allure;

5° La gravité et la douceur réunies à l'affection.

205. — Qu'entend-on par matériel d'enseignement?

On entend par là les moyens d'enseigner pour le maître et les moyens d'apprendre pour les enfants. Les manuels d'études pour les élèves doivent se borner au strict nécessaire, ne pas changer trop souvent et ne pas coûter trop cher.

206. — Qu'entend-on par tâches ou exercices d'application?

C'est un travail écrit, déterminé et limité par lequel l'élève démontre qu'il a compris l'enseignement donné.

Chaque leçon sur n'importe quelle branche d'enseignement comporte un exercice d'application duquel dépend pour l'élève la parfaite intelligence du sujet.

Le but capital des tâches est d'élever les connaissances acquises à l'aptitude, celle-ci à la facilité qui rend le travail aisé et expéditif.

En ce qui concerne les tâches, il faut observer les règles suivantes :

1° Chaque tâche doit être claire, précise et adaptée à la capacité et aux connaissances des élèves. On recommande de donner un travail peu étendu, mais d'exiger qu'il soit d'autant mieux soigné dans l'exécution. Ce devoir doit être bien préparé; s'il est trop difficile, il occasionne de l'aversion; trop facile, il peut exciter l'indifférence; s'il exige trop de temps, il provoque l'impatience, la précipitation, le manque d'application. Comme il y aura toujours, dans les différentes classes et divisions, des élèves meilleurs et des élèves plus faibles, il faut avoir la précaution de ne donner que des devoirs moyens qui suffisent aux uns et aux autres. Mais les élèves les plus avancés recevront en sus une tâche supplémentaire, ou bien le maître doit ajouter un travail intermédiaire. Des tâches entièrement différentes entre des élèves de même force ne conviennent pas; elles dispersent l'attention de l'instituteur qui doit être concentrée sur l'ensemble des élèves.

2° Les écoles populaires sont fréquentées en majeure partie par les enfants des familles pauvres et par un nombre moins considérable d'élèves de familles aisées. C'est pourquoi il ne faut pas les surcharger de tâches à faire à la maison. Les parents ont souvent besoin du travail de leurs enfants. Souvent aussi les enfants de familles pauvres ont à surmonter d'autres grandes difficultés, en ce sens qu'il leur manque les choses les plus nécessaires: de la lumière, de l'encre, des plumes, une place à la table commune. Par ce motif il faut éviter de donner des tâches qui exigent de grandes dépenses en matériel d'écriture. Il faut particulièrement tenir ici à ce qu'il ne soit donné comme tâches domestiques que celles qui ne pourraient être faites que par les enfants eux-mêmes sans aucun secours étranger. Les exigences d'instituteurs zélés devancent trop souvent ce qui ne peut encore être équitablement exigé, et prescrivent trop de tâches et des tâches trop difficiles. Les élèves ajournent alors leur travail, se mettent à l'œuvre avec répugnance, mauvaise humeur, et cherchent à se procurer des auxiliaires. De cette manière le devoir est souvent fait tout autrement que le maître ne le désire, ou bien l'on copie les tâches d'élèves plus avancés, ce qui conduit assez fréquemment à des fraudes regrettables et pervertit le caractère des enfants.

3° Toutes les tâches, quelle que soit leur dénomination, doivent être contrôlées avec le plus grand soin. Celles par écrit doivent être corrigées, celles de mémoire récitées, les fautes signalées et corrigées. Plutôt point de tâches que la négligence même apparente du contrôle. Le maître laisse-t-il voir ici de l'indifférence, c'en est fait de l'application des élèves et des soins apportés au travail.

207. — Combien y a-t-il d'espèces de préparation aux leçons?

Il y en a deux : 1° la préparation générale ou éloignée, et 2° la préparation spéciale ou prochaine.

La préparation générale comprend tout ce que l'instituteur doit faire pour acquérir les connaissances et les aptitudes nécessaires, mais surtout un véritable amour de sa vocation, qui est la qualité la plus essentielle d'un bon instituteur.

L'instituteur ne doit jamais se contenter de son degré de culture et d'aptitude, ni cesser d'aspirer à un degré plus élevé, car c'est ici le cas de dire : *Celui qui n'avance pas recule.*

La préparation spéciale (quotidienne, prochaine) comprend trois points :

1° La préparation du cœur. — Il s'agit ici de la ferme résolution de faire toutes choses pour la plus grande gloire de Dieu; ensuite la prière pour demander à Dieu les lumières, les forces et les grâces nécessaires à ce travail; et enfin le soin de s'encourager soi-même à l'application, à la patience et à la douceur;

2° La disposition préalable, consistant à tenir en bon ordre tout ce qui sert à l'instruction : livres, papiers, modèles, thèmes, dictées; bref, tout ce dont on aura besoin en classe;

3° L'étude approfondie de la leçon à donner.

Ici l'on peut se demander :

(*a*) Qu'est-ce que je veux enseigner aujourd'hui à mes élèves?

(*b*) Est-ce que je comprends moi-même ce que je vais enseigner?

(*c*) Quelle est la meilleure manière de le communiquer?

(*d*) Comment persuader à mes élèves que la chose est en effet ainsi?

(*e*) Cela peut-il s'appliquer à la vie et à la conduite des élèves?

(*f*) Comment pourrai-je m'assurer si tous mes élèves m'ont bien compris? Comment dois-jé les interroger là-dessus?

(*g*) Comment est-ce que je puis rendre les leçons intéressantes et captiver l'attention des enfants?

IIIe PARTIE

MANIÈRE D'INITIER LES ENFANTS
AUX EXERCICES DU CULTE

---

208. — En quoi consiste la pratique de la religion?

Elle consiste dans la profession des vérités révélées par Jésus-Christ et dans le bon usage, selon les enseignements de l'Église, des grâces promises pour notre salut.

209. — Par quoi la vie chrétienne est-elle spécialement vivifiée?

1° Par la prière en famille;
2° Par la fréquentation du service divin;
3° Par la réception des sacrements.

210. — Que doit faire l'école pour aider à cultiver la dévotion en famille?

Elle doit :

1° Exercer les enfants à réciter les différentes formules de prières;
2° Leur apprendre à en saisir la signification;
3° Leur apprendre comment on prie dévotement.

211. — Quelles sont les formules de prières à exercer et à expliquer?

Ce sont d'abord le signe de la croix, l'oraison

dominicale, la salutation angélique, le symbole des apôtres; ensuite les prières du matin et du soir, avant et après les repas, l'angélus, la prière du jeudi soir et celle du vendredi, la prière à l'ange gardien; les actes de bon propos, de foi, d'espérance, de charité, de contrition; les mystères du Rosaire, le *Salve Regina,* le *Memorare,* les litanies de la sainte Vierge, et les différentes prières et méditations propres à chaque heure de la journée et aux divers besoins de la vie.

Les dix commandements de Dieu et les commandements de l'Église doivent être appris et récités alternativement avec les prières. Dans le choix des prières, on s'en tient aux antiques et vénérables prières de la famille. Les prières rimées doivent être tolérées tout au plus les deux premières années, jusqu'à ce que les enfants aient appris les prières catholiques mot à mot et fidèlement. Il n'y a rien qui choque autant que d'entendre aux examens psalmodier les prières rimées.

212. — Comment doit-on prier?

A haute voix, distinctement, correctement et par pauses cadencées, qui, dans la prière en commun, doivent être exactement observées. Il faut aussi faire observer une attitude modeste et recueillie pendant la prière.

213. — Comment éveille-t-on le véritable esprit de piété chez les enfants?

En leur apprenant que la prière qui part du cœur et non des lèvres est seule agréable à Dieu, qu'il faut prier souvent et se mettre chaque fois en esprit et en vérité en la présence de Dieu.

**214. — Que doit faire l'école pour rendre la fré-

quentation du service divin salutaire aux enfants?

1° Obliger les enfants à fréquenter régulièrement le service divin;

2° Les habituer à se comporter avec recueillement à l'église et leur donner à cet égard la direction convenable;

3° Les instruire sur les cérémonies de la sainte
messe et sur l'esprit des fêtes religieuses;

4° Les exercer à l'usage des livres de chant et
des recueils de prières liturgiques.

La mauvaise tenue à l'église sera sévèrement punie,
comme aussi les absences au service religieux de l'école,
mais non par des punitions corporelles. Les enfants qui se
comportent irrespectueusement à l'église doivent être, si
possible, relégués à une place isolée. Le maître doit sur-
veiller les enfants pendant le service divin; s'il ne le peut,
il doit aviser à ce que quelqu'un d'autre soit chargé de cette
surveillance.

**215. — Qu'y a-t-il à observer relativement au
sermon?**

Le sermon doit être expliqué le lendemain aux
enfants. On leur demande ce qu'ils en ont retenu,
et l'on choisit un point qui se prête aux applications, à la vie de l'enfance et de l'adolescence. Les
copies du sermon entier par les enfants ne peuvent
être employées ici que dans des circonstances tout
à fait exceptionnelles. Mais on peut recommander
par contre de conférer avec les enfants sur le sermon et d'en faire le sujet d'une composition.

**216. — Qu'y a-t-il à observer à l'égard du chant
religieux?**

Le maître doit faire apprendre par cœur les

hymnes chantées par le peuple au service divin et les expliquer à fond aux enfants, afin qu'ils ne dénaturent pas le texte plus tard, parce qu'ils ne comprennent pas le sens des mots. Il n'y faut adapter que les mélodies véritablement autorisées par l'Église, et le maître doit s'en tenir strictement aux avis du curé, ainsi qu'aux règles et prescriptions de l'Église, pour l'introduction de nouveaux chants soit en ce qui concerne le texte, soit pour la mélodie.

217. — Que doit faire l'école pour la réception des sacrements?

A l'école les enfants doivent :

1° Être instruits pendant les leçons de religion de ce qui concerne les sacrements, de ce qu'ils doivent faire en les recevant;

2° Être préparés à la réception des sacrements;

3° Être astreints à les recevoir fréquemment;

4° Il faut veiller sur les enfants pendant la réception des sacrements, afin que tout se passe avec recueillement.

L'exemple du maître est ici avant tout la meilleure des leçons. Sinon, les paroles aident tout aussi peu que lorsque les parents défendent, par exemple, aux enfants de jurer, alors qu'ils jurent eux-mêmes.

APPENDICES

I. — MOYENS DE METTRE LES NOTIONS ABSTRAITES A LA PORTÉE
DES ENFANTS [1]

218. — A quoi doit-on avoir egard dans l'explication des idées en général?

Lorsqu'il s'agit de donner à l'enfant une idée claire d'une chose abstraite, il faut d'abord se demander si le mot à définir, la notion à éclaircir, présente un côté qui puisse être saisi par les sens, quelque chose de *concret,* ou si cette notion n'est qu'un produit de la réflexion, une chose *abstraite* et perceptible par le sens intime seulement.

219. — Comment explique-t-on aux enfants les choses de nature concrète?

1° On soumet, si cela est possible, l'objet concret à l'intuition immédiate, c'est-à-dire on l'exhibe et l'on exige des enfants qu'ils le perçoivent par tous les sens auxquels il est perceptible.

2° Si cela est impossible, on y supplée par des modèles ou par des dessins. Les modèles sont préférables aux dessins, les dessins coloriés aux dessins non coloriés, et ceux-ci aux simples esquisses.

[1] Voir Ire partie, question 110.

3º Si l'on ne peut exhiber un objet de nature concrète ni par un exemplaire, ni par une représentation graphique quelconque, on a recours à une comparaison ou à une description. Dans ce dernier cas, on tirera parti, en beaucoup de circonstances, de l'idée ou de l'objet contraire.

Quel que soit le mode d'intuition suivi, il faut toujours aviser à ce qu'il reste de l'objet une idée juste, claire et durable. Dans ce but, après avoir achevé de développer la notion de l'objet, on s'attachera à le graver encore fortement dans l'esprit par des questions, d'abord sur l'ensemble, puis sur les parties, les caractères et phénomènes, le mode d'activité, les usages, l'utilité ou les inconvénients de l'objet, afin de s'assurer si les élèves en ont conçu une idée juste, claire et durable.

220. — Comment explique-t-on aux enfants les notions abstraites?

1º On les expose immédiatement devant le sens intime de l'enfant. Cela se fait en appelant leur attention sur ce qui se passe en eux ou chez les autres.

2º Les notions abstraites peuvent souvent aussi être rendues sensibles par les manifestations extérieures de l'état intérieur de notre âme. Par exemple, la haine, la colère, la jalousie, l'avarice, l'humilité, etc.

3º Pour expliquer des notions abstraites, on se sert aussi très souvent des exemples, des récits, des analogies, des paraboles et des contrastes.

221. — Quels caractères doit avoir un exemple?

1º L'exemple doit être réellement et explicitement renfermé dans la notion à éclaircir, sinon cette chose apparaît encore plus obscure.

2° L'exemple doit être clair, compréhensible pour les enfants, choisi dans l'horizon des choses qui leur sont connues.

3° L'exemple ne doit pas être trivial ni inconvenant.

4° Il doit être approprié aux circonstances où sont placés les élèves auxquels on le présente.

Un monarque qui, par une guerre injuste, a causé de grands dommages à son peuple est tenu à réparer ce dommage. Voilà certes un exemple qui n'est pas à la portée des enfants, mais bien plutôt celui-ci : *Un enfant qui vole ou qui brise une fenêtre est obligé de réparer le mal qu'il a fait.*

222. — Quels caractères doivent avoir des *récits* bien choisis?

1° Le récit doit être simple dans l'expression et surtout dans la forme.

Point d'amples considérations ni d'explications prolixes, mais des faits essentiels énoncés en phrases courtes et claires dans l'ordre naturel des faits.

2° Le récit doit cependant être exact dans sa simplicité, c'est-à-dire sans lacunes.

La concision du récit consiste en ce qu'il se borne aux faits essentiels, mais non dans la suppression des réflexions et des circonstances, qui peuvent être sous-entendues pour les adultes, et qui ne le sont pas pour les enfants.

3° Le récit doit être intuitif, et dans ce but servir souvent de transition à une description.

Le récit sera aussi rendu intuitif par un tableau oral, vivant, précis, avec une intonation appropriée, l'expression correcte, le geste sobre et naturel. Souvent aussi des circonstances insignifiantes peuvent rendre le récit plus intuitif. Faire parler directement les personnages eux-mêmes, par exemple, voilà un moyen d'intuition indispensable.

Ce qui précède convient également à tous les récits. Mais si la narration a pour but d'expliquer une notion abstraite, il faut encore :

4° Que tous les caractères essentiels de l'idée à faire saisir soient fortement mis en relief, afin que les élèves puissent se les représenter plus facilement, d'après les parties de la narration.

Dans l'explication des récits pour l'intelligence des choses abstraites, le maître procède comme suit :

1° Si le récit renferme quelques expressions qui aient besoin d'être expliquées pour l'intelligence de l'ensemble, cette explication doit précéder, afin qu'il n'y ait pas d'interruption pendant le récit.

2° On doit éviter autant que possible les histoires trop étendues. Si cependant on ne peut les éviter ni les abréger sans retrancher des détails essentiels, on partage le tout en ses parties principales, et l'on en fait deux ou plusieurs récits.

3° Quand on a raconté l'histoire, les enfants sont invités à ajouter ce qu'ils savent encore. Le maître les aide par des questions, des rectifications, des adjonctions, jusqu'à ce que les enfants puissent reproduire l'histoire tout entière.

4° Les pensées principales et les caractères essentiels doivent toujours être mis en relief par des questions adressées aux enfants et rapportées par eux-mêmes à l'idée abstraite à expliquer.

223. Quels caractères doit avoir une parabole?

1° Ce doit être en réalité une comparaison, c'est-à-dire qu'il doit y avoir des comparaisons saisissables et frappantes entre les termes comparés.

2° La comparaison doit être saisissable par l'élève, c'est-à-dire empruntée à des sujets que celui-ci peut facilement concevoir et facilement se représenter.

3° Les comparaisons doivent être convenables. Il ne faut jamais comparer des choses saintes avec des choses profanes; ce qui est sacré doit rester sacré.

Le parallèle est le rapprochement d'une chose avec une autre où la dernière est l'image, le symbole de la première qui le présente sous des traits sensibles. Tandis que les exemples sont des cas de nature analogue, les paraboles sont des analogies de faits de nature différente. Il ne faut interpréter les paraboles que dans le cas où cette interprétation est nécessaire ou utile pour rendre une idée plus claire. L'explication des mystères de la religion les obscurcit souvent plutôt que de les rendre plus intelligibles. Les mystères doivent être exposés tels que les donne le catéchisme. Ce qui a été dit du récit s'applique aussi à la parabole. Souvent les expressions similitudes et paraboles ont été prises dans le même sens; ici nous entendons par parabole un récit plus étendu sous la forme de comparaisons, d'analogies.

II. — DE L'EXPLICATION DU CATÉCHISME

224. — Quel est le but de l'explication du catéchisme?

Le but de la catéchisation est de faire pénétrer dans l'intelligence, et de là dans le cœur et la volonté, les vérités qu'il s'agit d'expliquer aux enfants. Cela se fait par explication ou leçons, par démonstration ou persuasion, par appréciation ou édification.

225. — Quel est le moyen d'atteindre ce but?

Le moyen est double : analytique ou synthétique. La méthode à suivre est souvent déterminée par la nature même du sujet. Mais que l'on choisisse l'une ou l'autre méthode, il faut toujours décomposer l'idée en ses éléments.

226. — Quel ordre doit-on suivre dans la division et l'exposition des matières?

On part de ce qui est connu et facile, mais mieux encore des faits principaux qui sont le plus nécessaires pour le fondement des autres matières, et on les fait suivre d'après leur liaison logique.

C'est ainsi que la disposition pour traiter la question : *Qu'est-ce que la foi d'un chrétien catholique?* sera à peu près la suivante :

(*a*) Dieu nous a fait connaître les vérités de la religion par les Patriarches et les Prophètes, et en dernier lieu par le Christ et les Apôtres.

(*b*) Jésus-Christ a confié à l'Église le soin de garder le dépôt des vérités révélées avec mission de les exposer, de les enseigner et de les prêcher aux fidèles.

(*c*) Celui qui a la ferme volonté de tenir indubitablement pour vrai tout ce que Dieu a révélé, et tout ce que l'Église nous ordonne de croire, celui-là a la vertu de la foi.

(*d*) Dieu a donné aux chrétiens catholiques cette vertu de la foi.

Conséquence : La foi d'un chrétien catholique est ainsi une vertu que Dieu nous donne, et par laquelle nous regardons et croyons comme incontestablement vrai tout ce qu'il a révélé et ordonné à l'Église de nous enseigner.

227. — Comment doit-on expliquer les réponses du catéchisme?

Cette explication peut être double :

(*a*) *L'explication des mots*. Celle-ci a pour objet la définition des termes et des phrases que l'enfant ne comprend pas. — Dans la disposition qui précède, il y aurait les expressions ci-après à expliquer : *incontestablement, révéler, présenter, vertu, accorder*.

(*b*) *L'explication des choses* a pour objet la démonstration intuitive et plus approfondie des différentes notions contenues dans l'ensemble de la réponse pour la parfaite intelligence de celle-ci.

Le plus souvent, dans les catéchismes, les chapitres sont suivis de petits textes et d'histoires bibliques qui donnent une explication plus approfondie sur un point. On peut dans l'explication les admettre ou les traiter à part. S'il y a des conclusions, des déductions, des applications, elles sont développées par la méthode inventive. Plus jeunes sont les enfants, plus on doit attacher d'importance à mettre les notions intuitives à leur portée; plus ils sont avancés, plus on insiste sur les développements approfondis.

La *confirmation* ou *persuasion* d'une vérité de foi suit l'explication de cette vérité, si elle n'est déjà renfermée implicitement, du moins en partie, dans la démonstration de cette vérité.

Par confirmation de la vérité on entend l'indication des preuves sur lesquelles elle s'appuie; ces preuves doivent être avant tout tirées de la révélation divine, car l'autorité de Dieu et de son Église doit être le fondement le plus élevé de notre foi.

D'après ce qui précède, les preuves fondamentales doivent être extraites d'abord des livres saints, ensuite de la tradition et des décisions de l'Église. Aux preuves dérivant de la révélation on peut joindre aussi celles fournies par la raison et surtout l'expérience de la vie quotidienne, ou encore celles qui sont exprimées dans un proverbe énergique.

228. — Quelles sont les règles d'une bonne catéchisation?

1° Pendant le catéchisme, ne perdez jamais de vue le but de cet enseignement. Mettez à profit tout ce qui y conduit plus facilement et plus sûrement; évitez tout ce qui est inutile et étranger au sujet.

2° Distinguez entre les idées principales, les preuves, les conclusions et les conséquences, et appliquez-vous à fixer fermement l'idée principale.

. 3° Divisez l'idée capitale et disposez les parties principales de telle manière, que l'ordre logique des idées conduise de ce qui est connu et facile à ce qui est inconnu et difficile.

4° Donnez l'explication des mots et celle des choses.

5° Dans l'explication des choses, bornez-vous à ce qui est essentiel, nécessaire. Questionnez simplement l'enfant sur ce qu'il comprend déjà. Enseignez par l'intuition ce qui a besoin d'être développé.

6° Les conséquences pratiques de la notion à expliquer doivent être déduites par l'emploi de la forme socratique.

7° Lors de la répétition, mettez chaque leçon en connexion avec les chapitres, sections et divisions principales, et enfin avec l'ensemble.

8° À la fin de chaque catéchisme, récapitulez brièvement ce qui a été exposé oralement, faites-en une courte application à la vie des enfants, et montrez-leur où, quand et comment ils doivent agir d'après les préceptes énoncés, et quels dangers il y aurait à contrevenir à ces préceptes.

La pratique (exhortation) est de la plus grande importance, car la religion ne doit pas être une affaire de l'intelligence seulement, mais aussi du cœur et de la volonté. C'est pourquoi le précepte reconnu et démontré doit être aussitôt appliqué aux élèves et réalisé dans leur vie. Le maître doit s'efforcer d'agir sur le cœur et la volonté de ses élèves, de manière que leurs sentiments et leurs résolutions soient fermes; il dirigera leurs pensées et leurs actions d'après les principes énoncés en en faisant ressortir les conséquences pratiques, afin que les enfants conforment leur conduite à ces préceptes.

Afin de venir en aide aux élèves à cet égard, il faut :

1° Fortifier la résolution exprimée dans l'acte d'amour. A cet effet on doit insister sur l'amour infini et la bonté de Dieu pour les hommes, et faire dériver de cet amour l'accomplissement des préceptes. Les élèves seront amenés à faire le bien et à éviter le mal, d'abord et tout particulièrement parce que Dieu le veut ainsi. L'amour divin doit être le premier et le plus élevé des mobiles pour agir avec rectitude et justice. C'est pourquoi il faut démontrer aux enfants la sollicitude paternelle de la Providence d'une manière si visible, si intuitive pour le sentiment, qu'elle soit partout palpable et visible : Dieu est un père si riche d'affection pour nous, il nous procure tant de biens, tant de félicités et de jouissances, que les élèves se décident par leur propre inspiration à lui être agréables, à l'aimer et à accomplir en tout sa sainte volonté.

2° Il faut montrer aux élèves comment cet amour de Dieu

se manifeste dans les diverses circonstances; comment ils doivent régler leur vie selon les enseignements de la foi, et de quelle manière ils peuvent et doivent manifester leur amour de Dieu et du prochain. A cette fin il faut les amener de bonne heure à fixer leur attention sur chaque phase de leur vie écolière et adolescente, à agir en vue de Dieu et d'un précepte obligatoire, en telle ou telle occasion, afin d'apprendre à régler leurs actions sur la loi divine d'après les préceptes qui s'y rapportent (par exemple, en traitant de la présence invisible de Dieu en tout lieu).

Non seulement la situation actuelle des élèves, mais aussi leur situation future doivent être prises en considération, et les élèves amenés à discerner comment ils doivent mettre ces préceptes en pratique, s'ils se trouvent dans telle ou telle circonstance.

3° L'inanité des fausses excuses, des prétextes et des objections doit être démontrée. S'il existe quelque part, contre tel ou tel dogme ou tel précepte, des préjugés, des objections, et que l'on puisse présumer avec raison que les élèves ont connaissance de ces objections ou qu'ils en auront vraisemblablement connaissance, il faut tenir compte de cet état de choses et réfuter ces objections, en démontrer le néant, afin d'apprendre aux enfants à discerner ce qui est faux et erroné.

C'est ainsi qu'il y a lieu de s'occuper aussi des fausses maximes et de faire remarquer aux enfants que ces maximes sont une suggestion de l'esprit du mal pour les détourner de remplir leurs devoirs. Par exemple : Le service des maîtres va avant le service de Dieu. Une fois n'est pas coutume. On doit hurler avec les loups. L'amour et la prière ne s'imposent pas. Un mensonge utile ne nuit en rien. La compensation et les représailles ne sont pas un mal.

Mais il serait inopportun et même dangereux pour la foi d'initier les élèves à des objections dont ils n'entendent jamais parler.

4° On doit signaler les dangers des tentations et des séductions qui peuvent égarer la volonté dans ses actes. Ce serait bien se tromper de vouloir laisser ignorer aux élèves qu'il y a des hommes pensant et agissant autrement que la religion ne nous le prescrit, mais ce serait aussi faire fausse route que de les initier en détail aux leçons perni-

cieuses et aux exemples scandaleux qu'ils pourraient remar-
.quer plus tard chez les autres. Par conséquent ils doivent
savoir qu'il y a dans le monde des hommes pervers enseignant et pratiquant autre chose que ce que Jésus-Christ
nous a enseigné, et qu'ils ne doivent point s'attacher à ces
hommes ni diriger leur conduite sur les exemples contraires à la doctrine de Jésus-Christ.

Mais il ne faut parler aux enfants du mal qu'ils peuvent
voir et entendre dans le monde qu'après s'être efforcé, sous
l'œil de Dieu, de graver profondément dans leur esprit et
dans leur cœur la bonté et la beauté de la doctrine chrétienne, de manière qu'ils en soient intimement pénétrés; on
peut ensuite leur parler de la conduite des méchants et leur
montrer les suites funestes de leur perversité.

Ainsi mettez les enfants en garde contre la société des méchants, spécialement de ceux qui cherchent à ravir la foi de
leurs semblables en tournant en dérision les vérités de notre
sainte religion, et en prêtant à l'Église des vices de tous
genres. On doit prémunir les enfants contre ces corrup-
teurs, afin que de pareilles tentatives ne fassent aucune
impression sur leur cœur et ne soient pas dangereuses par
leur nouveauté. Pour rendre d'autant plus frappante la
perversité de ces séducteurs, il faut, à l'exemple de Jésus-
Christ, faire voir leurs œuvres. Enfin on doit dire aux enfants qu'on hait et qu'on évite le mal qui est en ces hommes
pervers, mais que cette haine ne s'étend pas à leur personne. Les hommes méchants sont à plaindre.

5° On doit les exciter à combattre ces dangers afin d'apprendre à les éviter. A cette fin on insiste souvent et fortement sur l'omniprésence, l'omniscience, la toute-puissance,
la sainteté et la justice de Dieu, qui voit et pénètre toutes
leurs actions, toutes leurs pensées, qui a le plus grand
contentement à ce que ses créatures, pour l'amour de lui,
résistent aux tentations avec courage et persévérance, pra-
tiquent le bien, évitent le mal, et qu'il les récompense déjà
en quelque sorte en ce monde, et dans tous les cas sûrement dans l'autre.

Par conséquent rappelez-leur les heureuses suites des
bonnes actions, les conséquences fâcheuses des mauvaises,
d'abord pour l'éternité, mais aussi pour la vie présente.
Après cela on cherche à élever leur sentiment moral par

des récits fréquents sur la beauté et les heureux fruits de la
vertu, sur la laideur et les suites du vice. Enfin on leur
montre des modèles de vertus, et on leur en propose l'imitation.

6° Enfin on doit les conduire à l'usage des moyens et des
grâces qui fortifient. Le maître dirige ses élèves vers la
prière fréquente et recueillie, vers la fréquentation du service divin, vers la réception fréquente des saints sacrements
de la pénitence et de l'Eucharistie, et avant tout en leur
donnant en tout ceci le bon exemple.

229. — Quelle impression doit être produite sur le cœur ?

On ne doit pas se contenter d'une émotion pas-
sagère, mais il faut veiller à ce que les élèves
conservent ces salutaires impressions.

Il faut que la leçon, aussi bien que la persuasion
et l'application, soit profondément gravée dans
leur esprit et leur cœur, afin qu'à l'heure de la
tentation l'enfant se souvienne de ce qu'il a appris,
et que dans l'occasion il puisse aussi donner aux
autres, particulièrement aux suborneurs, la réponse et la réplique.

Ce serait une aberration que de considérer la religion
comme une affaire de mémoire seulement, mais ce serait
manquer aussi que de dédaigner les moyens de fixer ces
notions par la récitation du catéchisme. L'instruction religieuse doit être notre règle de conduite pour la vie entière,
et le maître veillera à ce qu'elle soit profondément gravée dans l'intelligence. Pour laisser dans les cœurs une
impression durable, il est à propos, à la fin de l'exposition
orale, de conclure par une sentence des livres saints ou
par un proverbe approprié à la leçon.

Cependant il ne s'agit pas seulement pour l'élève de conserver une impression générale ou d'ensemble, mais les
diverses notions, les préceptes, les preuves et les règles
pour la conduite dans les cas particuliers doivent être rendus palpables; le maître doit donc conduire ses élèves par

la main et éviter tout ce qui peut rendre difficiles et pénibles les leçons de religion. C'est ce qu'on fait infailliblement
en accablant les enfants de tâches, en posant des questions
prétentieuses ou captieuses, en s'arrêtant outre mesure sur
certaines expressions de moindre importance. On rend aussi
ces leçons odieuses par les punitions.

**230. — Comment doit-on traiter les dogmes ou
articles de foi?**

C'est à l'étude des dogmes que s'applique particulièrement et avant tout le principe que dans
l'instruction on doit partir de l'autorité de Dieu.
On ne peut conduire les élèves à la connaissance
de ces vérités si l'on veut se borner à leur faire
trouver la vérité par leur intelligence et par leur
propre raison. Il faut leur apprendre directement
ce que Dieu nous a enseigné comme étant la vérité
sainte que nous devons croire, et les porter à
accepter cette vérité sur l'autorité de Dieu.

Il serait dès lors absurde d'établir pour les enfants la
distinction entre la religion naturelle et la religion révélée, et d'exposer d'abord la première sous le prétexte qu'il
faut former des hommes avant de former des chrétiens. Il
est faux qu'il ait existé d'abord une religion naturelle plutôt que révélée. L'histoire démontre indubitablement que
les premières conceptions religieuses de l'homme sont
une révélation de Dieu, non une découverte spontanée de
l'homme.

Oui, il serait absurde de développer les vérités révélées
comme reposant d'abord sur des motifs tirés de la raison, et
d'y ajouter ensuite la révélation comme sanction. La vérité
doit être exposée comme tirée d'abord de la révélation,
puis l'on peut aussi la prouver et l'appuyer par des argu-
ments rationnels; mais ceux-ci doivent venir à l'arrière-
plan, car l'autorité de Dieu doit planer au-dessus de tout.
Les élèves doivent être tellement pénétrés de l'autorité de
Dieu, de sa sainteté, de sa vérité suprêmes, qu'ils doivent
croire tout ce qu'il nous a appris, lors même que ces

vérités ne seraient pas parfaitement accessibles à notre raison. On devra donc s'abstenir de chercher à éclaircir ce que la révélation divine ne nous aurait pas enseigné.

Cette précaution doit être observée à un plus haut degré encore dans l'explication des mystères, de telle manière que jamais on ne cherche à expliquer le *comment* d'une chose, s'exposant ainsi au danger d'enseigner une chose erronée, de se perdre dans les subtilités de la raison humaine : on doit s'en tenir strictement à ce qui a été révélé, ainsi qu'aux définitions et interprétations de l'Église.

231. — Comment faut-il traiter la morale?

Veut-on que les enfants deviennent des hommes véritablement moraux, il faut que la morale s'appuie sur l'autorité de Dieu et non sur les raisonnements humains. Les enfants doivent être guidés à faire une chose, à s'abstenir d'une autre, non parce qu'elle est conforme à la raison, non à cause de ses conséquences, mais parce que Dieu l'ordonne, parce que Dieu le veut ainsi, parce que c'est un commandement de Dieu.

Chaque devoir doit être tout d'abord présenté comme l'accomplissement d'un précepte divin : comme le commandement d'un Dieu d'amour, qui exige pour notre propre salut l'observation filiale de ses commandements. Les enfants doivent faire le bien, éviter le mal par amour de Dieu. Cela ne peut se faire efficacement que par une instruction préalable solide sur les dogmes qui nous rendent visible et palpable l'amour de Dieu pour nous.

232. — Comment faut-il traiter l'histoire biblique?

L'instruction solide et fructueuse par le catéchisme dépend de la connaissance de l'histoire biblique. Le catéchisme et l'histoire sainte sont les deux parties d'un seul et même enseignement

de la religion. L'histoire biblique nous présente
d'abord les faits qui seront des preuves, des dé-
monstrations des vérités de la religion contenues
dans le catéchisme; puis elle répand la lumière
nécessaire pour l'intelligence de la religion, car
elle offre d'une manière vivante, intuitive, les
enseignements que le catéchisme nous présente
d'une manière quelque peu abstraite; les leçons
ou plutôt les récits de la Bible forment une
morale en exemples, et doivent être traités comme
la chose principale; enfin elle fournit au maître
un choix abondant de modèles à proposer à
l'imitation, comme aussi des exemples pour inspirer l'horreur du mal.

La pensée capitale, la substance de l'histoire biblique
est celle-ci : La révélation divine se meut tout entière autour de la Rédemption du genre humain déchu, que le Fils
de Dieu fait homme, l'Homme-Dieu, a racheté. Jésus-Christ
est le centre de la création et du gouvernement de l'univers.
Les hommes qui devinrent saints et prédestinés après la chute
d'Adam le furent par la foi vivante au Messie: ils le furent
avant son avènement, par la foi à cet avènement; après son
arrivée, par la foi en sa venue. En Jésus-Christ seul l'histoire universelle forme un tout. C'est pourquoi les élèves
doivent être guidés en ce sens, dans l'étude de l'histoire de
la révélation depuis Adam à Jésus-Christ, que toute la
morale de l'histoire soit orientée sur Jésus-Christ comme
sauveur du genre humain, pénétrée de la foi vivante en
Jésus-Christ et en son œuvre, et que c'est par leur propre
coopération que les hommes se rendent participants aux bien-
faits de la rédemption. Les élèves doivent donc apprendre
à connaître la marche de l'histoire de la révélation divine
dans ses rapports intimes avec le Christ, mais de manière
qu'elle nous conduise à la foi au divin Sauveur, et par la
foi à l'amour de Dieu, afin que nous soyons de plus en plus
pénétrés et sanctifiés par ce sentiment de notre rédemption.
Il est donc surtout important, dans l'exposition orale de

l'histoire biblique de l'Ancien Testament, de mettre fortement en relief les promesses, les prophéties et les figures, et par leur rapprochement avec la salutaire mission de Notre-Seigneur Jésus-Christ, de rendre ostensible la liaison de la révélation divine; on évitera de raconter l'histoire biblique comme si les événements présentaient une suite naturelle, sans intervention divine, des faits résultant uniquement du concours des forces de l'activité de l'homme. Montrer Dieu dans l'histoire, telle doit être la sollicitude la plus attentive du maître. C'est pourquoi l'on ne se contentera pas d'établir la liaison des événements et leurs conséquences dans les récits bibliques, car l'élève pourrait en recevoir cette opinion erronée et subversive de se considérer soi-même ou les circonstances du moment comme l'unique artisan de sa destinée, et dans l'orgueil et l'aveuglement de son esprit, ne pas savoir remarquer notre Créateur, notre Seigneur, notre Juge, notre Rémunérateur, etc.

L'étendue des récits, la forme de l'exposition orale, les explications et les questions se règlent d'après l'âge et le degré de développement des enfants. De courtes et simples notices chronologiques, géographiques et archéologiques font partie de la connaissance des faits historiques, afin que tout soit clair et vivant pour les enfants. En ce qui concerne la distribution des matières, on peut tirer du Nouveau Testament des histoires se rapportant aux jours et aux époques des fêtes. L'Ancien Testament, au contraire, peut très bien convenir pour les temps non fériés. Enfin on peut scinder les histoires du Nouveau Testament d'après le cycle des fêtes de l'année chrétienne. En ce qui concerne la forme d'enseignement, voir les questions 197 à 200.

233. — Comment faut-il procéder à l'explication des évangiles des fêtes et dimanches?

1° Avant tout, il faut que les élèves conçoivent clairement les idées capitales renfermées dans l'évangile du jour. Il est donc parfois nécessaire de se rattacher à ce qui précède pour l'ensemble, attendu que les textes historiques sont la plupart tirés des évangiles.

2° Quelquefois on peut aussi établir la coordination de l'évangile avec l'épître du jour, et en même temps le motif pour lequel ce passage de l'évangile se lit en ce jour; ceci est particulièrement nécessaire aux jours de fêtes, l'on raconte les événements qui ont pour résultat l'institution de la fête, par exemple, à la Pentecôte. A l'explication des épîtres et des évangiles on peut rattacher celle des saisons et des divisions de l'année ecclésiastique.

3° Le contenu du texte de l'épître et de l'évangile consiste ou dans un miracle, une prophétie de Notre-Seigneur Jésus-Christ, ou dans une parabole, ou des préceptes particuliers. A l'égard des miracles et des prophéties de Jésus-Christ, il est particulièrement important de rappeler la divinité de Notre-Seigneur Jésus-Christ, et de la mettre en relief avec les applications pratiques qui en dérivent. C'est pourquoi il faut, à propos des prodiges, bien établir que Notre-Seigneur Jésus-Christ a agi par sa propre vertu, et dans les prophéties, faire remarquer qu'il a prédit par lui-même, en vertu de sa prescience. Il faut aussi appeler l'attention sur l'accomplissement des prophéties. Dans les paraboles de Notre-Seigneur Jésus-Christ, il faut surtout faire remarquer la profondeur de la sagesse et de la vérité des enseignements qui sont cachés dans ces exemples, et dans les préceptes s'appliquer particulièrement à montrer leur mise en pratique dans la vie.

4° Enfin développez le véritable sens du texte sans vous perdre dans les longueurs. Trop prêcher et trop moraliser affaiblissent l'impression que l'on a en vue. Embrassant sommairement l'ensemble en un tout, la méthode à suivre est la suivante : après avoir fait connaître aux enfants le sens du texte, en catéchisant phrase par phrase, on fait ressortir les points principaux et les enseignements pratiques qui en résultent pour la vie des enfants.

FIN

TABLE

INTRODUCTION

DE LA VOCATION DE L'INSTITUTEUR

PREMIÈRE PARTIE

L'ÉDUCATION

PREMIÈRE SECTION

ÉDUCATION PHYSIQUE

CHAPITRE I

MOYENS NATURELS D'ÉDUCATION PHYSIQUE

CHAPITRE II

MOYENS PSYCHOLOGIQUES D'ÉDUCATION PHYSIQUE

CHAPITRE III

MOYENS PÉDAGOGIQUES D'ÉDUCATION PHYSIQUE

DEUXIÈME SECTION

ÉDUCATION INTELLECTUELLE

CHAPITRE I

CULTURE DES FACULTÉS INTELLECTUELLES

CHAPITRE II

CULTURE DES FACULTÉS MORALES

I. *Du sentiment.*

II. *De la volonté et des affections.*

DEUXIÈME PARTIE

L'ENSEIGNEMENT

Principes généraux.

TROISIÈME PARTIE

MANIÈRE D'INITIER LES ENFANTS A LA VIE CHRÉTIENNE

APPENDICES

I. MOYENS DE METTRE LES NOTIONS ABSTRAITES A LA PORTÉE DES ENFANTS

II. DE L'EXPLICATION DU CATÉCHISME

13868. — Tours, impr. Mame.

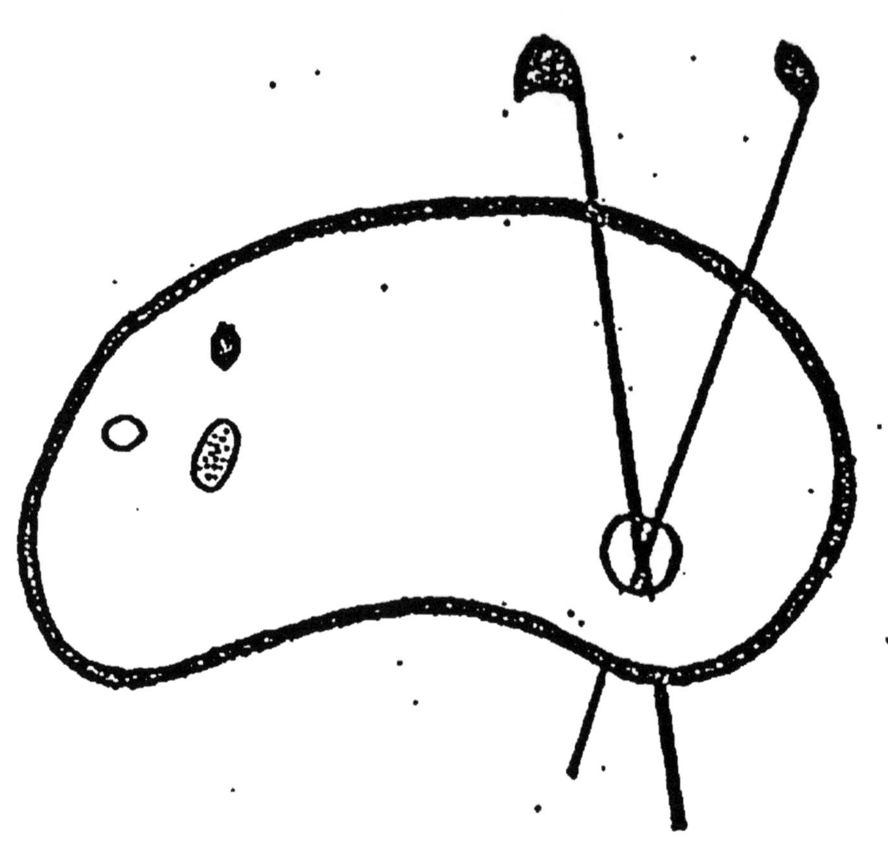

ORIGINAL EN COULEUR

NF Z 43-120-8

www.ingramcontent.com/pod-product-compliance
Ingram Content Group UK Ltd.
Pitfield, Milton Keynes, MK11 3LW, UK
UKHW020205130726
13696UKWH00002B/734